ediciones**carena**

VIDAS TRUNCADAS

Chelo Arroyo Bote

Primera edición: diciembre de 2024

© Chelo Arroyo Bote, 2024
© Diego Arroyo Bote, 2024
© Marcelo López Ródenas, 2024
© Ediciones Carena, 2024

Ediciones Carena
c/ de l'Equador, 45, LOCAL-6
08029 Barcelona
T. 933 131 908
info@edicionescarena.com
WWW.EDICIONESCARENA.COM

Diseño de la cubierta: Daniel Arroyo Gallego
Maquetación: Ana Montaño Serrano

Coordinación y revisión: Kaicy Orellana

Depósito legal: B 22612-2024

ISBN: 979-13-87623-00-5

Impreso en España - Printed in Spain

A Santa Coloma,
una ciudad de acogida que ha dado ejemplos de vida.

En la oscuridad de la noche, cuando el silencio reina entre estas cuatro paredes, los recuerdos se agolpan en mi cabeza chirriando en mi corazón. Mirar hacia atrás solo me produce dolor, retorcijones del alma envueltos en papel de traza, ilusiones rotas como finas tazas de porcelana, un futuro atropellado por el hastío al que nos vimos sometidos, una felicidad que solo se dejó ver en los primeros años de mi vida.

CAPÍTULO 1

Agosto de 1966

Recuerdo con nostalgia aquel verano de 1966, el último que viví en aquel pequeño pueblo de Extremadura que, resguardado por las Villuercas, nos protegía de todo aquello que existía al otro lado de la sierra. Allí vivía con mi madre, Carmen, y mis dos hermanos pequeños, Joselín y Manolito. Yo era el mayor y llevaba con orgullo el nombre de mi abuelo, Andrés.

Mi padre, Manuel, hacía dos años que había emigrado a Cataluña. Había sido su amigo Fermín, en aquellas cartas que de vez en cuando recibía, quien le había animado a probar suerte en Cataluña. Mi madre no estaba muy convencida, conocía bien a su marido y, aunque en el pueblo no había muchas posibilidades, no se fiaba de que la distancia y el vino le hiciesen olvidar lo que dejaba en aquel pequeño pueblo. Después de muchas discusiones en octubre de 1964, despedimos a mi padre en la parada de la "viajera". Una imagen que, poco a poco, se fue difuminando en mis recuerdos hasta que, a principios de agosto de 1966, unos fuertes golpes al postigo de nuestra puerta nos despertaron. Mi padre había vuelto.

Nos levantamos corriendo a recibirlo y allí estaba, plantado ante la puerta, recortado por aquel sol que ya se alzaba con fuerza en otro caluroso día de verano. Después de un fuerte achuchón y dos collejas de propina, cogió a mis hermanos pequeños que no tardaron en echarse a llorar al ser alzados con fuerza por aquel desconocido que madre insistía en convencerles de que era su padre. Ni los dos indios que padre traía envueltos en papel de periódico, ni los abrazos de madre, pudieron calmar a mis hermanos. Para ellos, padre era el abuelo, el que siempre había cuidado de nosotros.

Con el seco calor del verano, llegaba una visita que acabaría cambiando el rumbo de nuestras vidas.

Mi padre no tardó en volver a ser el de siempre, el que yo recordaba. Borracheras de día, discusiones de noche y violencia de madrugada. La paz de aquella casa se había esfumado con su presencia. Dos semanas estuvo en el pueblo, tiempo suficiente para vender la casa, agarrar el dinero y exigir a mi madre que la quería en Barcelona en cuanto hubiese arreglado las cosas del viaje. Como vino se fue. Sin decir adiós, desapareció una mañana temprano. Cuando me levanté, madre lloraba al lado de la lumbre y agarraba entre sus manos un revoltijo de papel mojado por sus lágrimas. Al verme disimuló y no tardó en alargarme aquel pequeño envoltorio.

—Padre me lo ha dado para ti, dice que se le había olvidado dártelo.

Al rasgar el papel descubrí un bonito caballo negro con una crin y una cola que parecían de verdad. Lo acaricié y sonreí.

—¿Te gusta? —me preguntó madre.

—Sí, se parece al caballo que tiene don Alfonso, me gusta mucho verlo montar a galope por la dehesa…

—Andresito, me tienes que ayudar, he hablado con los abuelos y tenemos que llevar nuestras cosas a la cuadra donde guardan la burra. Abuelo nos ha hecho un hueco en el leñero. Mañana tenemos que entregar la casa…

—¿Y ahora viviremos en casa de los abuelos?

—Hasta que nos vayamos a Barcelona, sí.

—¿Y cuándo nos iremos?

—A principios de septiembre, todavía no sé el día…

—¿Y cómo es Barcelona?

—¡Y yo qué sé! —contestó mi madre, arrebujándose el mandil—. Padre dice que aquello es muy grande y que vive mucha gente. Hay mucho trabajo y que las mujeres también van a las fábricas... No sé, hijo, yo hubiese preferido seguir aquí en el pueblo. No me faltan cestos de ropa para lavar y coser y con las faenas que me busca doña Engracia, me voy sacando unas perrillas, pero ya has visto como se ha puesto padre, no le gusta que le llevemos la contraria.

—Ya... —contesté, intentando que mi madre no explicase nada más, e imaginándome encima de aquel caballo, recorrí a galope la mesa camilla sobre aquel hule que tenía estampado el mapa de España. De Cáceres a Barcelona de Barcelona a Cáceres hasta que sin querer tropecé y el caballo cayó a la lumbre. Corrí a por las tenazas e intenté salvarlo de las ascuas, pero no pude evitar que el fuego destruyese aquel suave pelo que tenía el corcel.

Sin yo saberlo, aquello sería un presagio de lo que acabaría convirtiéndose mi vida.

CAPÍTULO 2

Septiembre de 1966

A mediados de septiembre, después de haber cumplido los 12 años, todo estaba preparado para iniciar ese viaje que nos llevaría a tener una vida mejor.

Las dos viejas maletas que madre había conseguido reposaban en el zaguán atadas con cuerdas y con un cartón donde rezaba el nombre de mi madre y una dirección. Encima de las maletas, la abuela Isabel había colocado una vieja cesta de mimbre que contenía una tortilla de patatas, un chorizo y un pan que ella misma había amasado.

Con las primeras luces del día, fuimos hasta la ermita a despedirnos de la virgen y a pedirle que nos protegiese en esta nueva etapa de nuestras vidas. Madre, con su rosario en la mano, arrodillada ante aquella imagen y nosotros a su lado, le rezamos con devoción. Poco nos escuchó.

A las nueve de la mañana, apareció en la plaza del pueblo la Doaldi, aquel autobús que tantas veces había visto cruzar la carretera del pueblo. El abuelo colocó las maletas en el maletero del techo del autobús y entre besos y lágrimas nos despedimos de ellos.

Recuerdo, como imágenes que se arrastran lentamente en mi memoria, la salida del pueblo. Abuelos sentados debajo de una higuera hablando de tiempos peores, los carros llenos de paja que adelantaba el autobús, corrillos de mujeres con sus cestos, mozos camino de la mina, a mis amigos en la puerta de la escuela con don Marcelino que, tieso como un palo, esperaba la entrada de sus alumnos en lo alto de las escalerillas. Don Marcelino, el maestro que me había enseñado, como él decía, las cuatro reglas que se necesitan en la vida. Después vinieron los campos, la dehesa, el río y, por último, la salida a la carretera grande, como la llamábamos en mi casa. A partir de ahí nada conocía, nunca había ido más allá de la carretera chica.

Sin quitar ojo de la ventanilla, vi pasar campos y pueblos hacia un destino desconocido. Al mediodía llegamos a Madrid. Atónito observé aquel paisaje compuesto de edificios altos, coches y calles llenas de personas que, con rapidez, se desplazaban de un lugar a otro. Me invadió una sensación de miedo e inseguridad.

Cuando llegamos al final del trayecto, nos bajamos en la estación de autobuses llena de pasajeros que transitaban con sus bártulos de un lugar a otro. Mi madre, cargada con las dos maletas, y yo, agarrando de la mano a mis dos hermanos y con la cesta colgada del cuello, salimos de la terminal para dirigirnos a la estación de Atocha. Había que coger el tren que nos llevaría hasta Barcelona.

Después de perdernos en más de una ocasión, por fin llegamos a la estación. Me sentía tan cansado que hubiese preferido volver que seguir hacia delante y, encima, teníamos que esperar más de tres horas hasta que saliese el tren. Madre aprovechó para darnos un trozo de tortilla y un cacho de chorizo y allí, sentado en el suelo del andén, con mis hermanos dormidos encima de las maletas, esperamos pacientemente al tren de los sueños.

Un largo pitido puso a todos los pasajeros en pie. El tren hizo entrada en la estación y, poco a poco, fue frenando hasta quedar parado. Mi madre, nerviosa, nos achuchaba para entrar y después de preguntar a unos y otros consiguió dar con nuestro compartimento. Poco recuerdo más, el cansancio acumulado de todo el día hizo que cayese en un profundo sueño. Sin tener consciencia del tiempo transcurrido, una voz anunciando la parada de Zaragoza me despertó. Mis hermanos todavía dormían y mi madre, siempre pendiente de nosotros, enseguida me indicó que ya faltaba menos.

Después de una larga parada, el tren reinició su trayecto. El día empezaba a clarear y destiné mis últimas horas del viaje a contemplar el paisaje a través de la ventanilla.

Por fin llegamos a Barcelona. Nos costó bajar del tren: familias enteras y hombres solos, todos con sus maletas y sus paquetes, se agolpaban a la hora de salir. Mi madre insistía, una y otra vez, que no soltase de la mano a mis hermanos.

Cuando por fin conseguimos bajar al andén, a pesar del volumen de personas que se movían hacia todos los lados, busqué la figura de mi padre. Al no verlo le pregunté a mi madre por él.

—Padre no ha podido venir, está trabajando. Hemos quedado en vernos en Santa Coloma.

—¿En Santa Coloma? ¿No veníamos a Barcelona?

—Sí, pero viviremos en un pueblo que se llama Santa Coloma de Gramanet —me contestó, cambiándose de manos aquellas pesadas maletas.

Pese a la pesadumbre de no saber si ese pueblo estaba cerca o lejos, después de las horas que llevaba de viaje y con un cansancio que se había calado por todos los rincones de mi menudo cuerpo, me tranquilizó oír la palabra pueblo con la esperanza de encontrar algo parecido a lo que había dejado atrás para siempre: mi pueblo y mis amigos. Una vida diferente estaba a punto de empezar.

Andando detrás de mi madre, arrastrando a mis hermanos que, rotos de cansancio se negaban a andar, nos dirigimos a la parada de taxis.

Mi madre, con un arrugado papel en la mano, se acercó hasta el primer taxi de una larga cola. Cuando le mostró la dirección escrita en aquel papel, el taxista empezó a negar con la cabeza y dejó a mi madre con la palabra en la boca para abrir la puerta del taxi a un cura. Ella, refunfuñando, se acercó hasta el siguiente taxista, pero recibió el mismo trato.

—Lo siento, señora, ni loco la llevo a esa dirección. Y no creo que nadie de aquí la quiera llevar, es imposible poder transitar por esas calles…

—¿Cómo? —preguntó atónita.

—Que no, señora, ese barrio es un laberinto con calles sin asfaltar, bueno le digo calles porque así lo llaman allí, pero ese barrio tiene unas pendientes por donde no pueden transitar los coches. Nadie se arriesgará a romper su taxi llevándola hasta allí.

—¿Y cómo puedo llegar hasta Santa Coloma?

—Desde la plaza Urquinaona sale un autobús que va a Santa Coloma…

Mi madre rompió a llorar y nos miró. El taxista abrió la puerta trasera de su taxi para que subiese una señora muy elegante que llevaba de la mano a una niña y enseguida arrancó desapareciendo entre coches y autobuses.

Uno de los taxistas se acercó hasta donde estábamos, había observado la situación y se interesó por conocer nuestro destino.

—Tiene razón mi compañero con lo que le ha dicho, pero podemos hacer otra cosa. Yo la llevo con la condición de dejarla en la plaza de la Vila o como mucho puedo subir hasta la Rambla, pero ir hasta la calle Mas Marí, no.

—¿Y estaré cerca?

—Bastante cerca, una vez que esté en la Rambla preguntando llegará en poco tiempo.

—Muchas gracias, acabo de llegar del pueblo y no conozco nada de Barcelona.

—Ya me he dado cuenta —dijo el taxista metiendo las maletas en el maletero.

Nos montamos en aquel taxi que nos llevaría hasta nuestro nuevo hogar. Por lo que había oído, parecía que la casa de mi padre estaba en el campo, aquello me empezaba a gustar.

CAPÍTULO 3

Santa Coloma de Gramanet

Durante el trayecto, mientras mi madre explicaba al taxista la odisea de viaje que estábamos a punto de finalizar, yo no perdía detalle de aquella ciudad llamada Barcelona. Entretallado en el asiento posterior, con mi hermano pequeño sentado sobre mis piernas, me alcé con dificultad cuando el taxista anunció el puente que daba acceso al pueblo de Santa Coloma de Gramanet.

—¡Esto es Santa Coloma! —dijo el taxista señalando las edificaciones que había al otro lado del puente.

—¡Por fin! —agradeció mi madre a la vez que se persignaba.

No tardó el taxi en parar y en anunciarnos que nuestro destino estaba cerca. Él ya no quería avanzar más.

—¿Y ahora hacia dónde debo de ir? —le preguntó mi madre antes de salir del taxi.

—Esto es la Rambla —le empezó a explicar el taxista—. Siga hasta la siguiente bocacalle y gire a la derecha, verá que hay una bajada muy pronunciada que llega hasta la calle Jacinto Verdaguer. Cuando llegue allí siga subiendo hasta llegar a la calle Mas Marí. No tiene pérdida. La encontrará sin problemas, es todo recto. Un primo de mi mujer vive en la calle Bruch, cerca de donde usted va…

Después de pagar al taxista, empezamos a andar siguiendo las instrucciones que nos acababan de dar. Al girar en la primera calle, mi madre frenó de golpe.

—¡Madre de Dios Santísima! ¿Esto qué es?

Desde donde nos encontrábamos, podíamos ver como aquella calle descendía entre montículos de tierra y charcos de agua que emanaban una fetidez insoportable.

—Andresito, agarra bien a tus hermanos a ver si se van a resbalar.

Y así empezamos a descender por la calle Doctor Pagès.

Pequeñas casas, algunas a medio construir, se alineaban a uno y otro lado de la calle, montones de escombros por todos lados que debíamos ir esquivando, niños jugando en aquel hediondo barro, mujeres sentadas en la puerta de sus casas con barreños llenos de mugrienta ropa que intentaban lavar, hombres que con su cigarrillo humeante en los labios nos miraban al pasar mientras mascullaban entre dientes comentarios difíciles de entender... Yo no sé lo que mi madre estaría pensando, pero conociéndola, pese a la precariedad de nuestras vidas en el pueblo, estoy seguro de que en aquel momento sufrió el primer golpe duro de los muchos que estarían por venir.

Una vez que llegamos al final de aquella inmunda calle, tocaba ascender el tramo que faltaba. Nos paramos a descansar en una esquina donde una placa anunciaba la calle Mosén Jacinto Verdaguer. Madre alzó una de las maletas sobre el descansillo de un escalón que daba acceso a la única casa en condiciones que habíamos visto hasta ese momento. Con las manos ensangrentadas por las duras cuerdas que ataban esas viejas maletas, deshizo como pudo los nudos que la cerraban y la abrió. Rebuscó entre ropas una vieja talega que contenían nuestras viejas alpargatas.

—Andresito, quita a los niños los zapatos y poneros las alpargatas. No hay manera de poder andar por esta ciénaga.

Y así lo hicimos, preparados con el nuevo calzado empezamos a subir aquella empinada calle, pero cuando apenas llevábamos recorrido unos metros, la cuerda de la maleta cedió desparramando todo su contenido en la embarrada calle.

Madre, que en su silencio ya tenía los nervios a flor de piel, no pudo más que arrodillarse y, tapándose con las manos su pequeña cara, rompió a llorar desconsoladamente. La estampa que estábamos dejando en la calle, llevó a unos hombres a salir de una bodega y acercarse hasta nosotros. Mis hermanos se habían unido al coro de mi madre.

—No se preocupe señora, ¿se ha hecho daño? —le preguntó un señor a mi madre mientras intentaba que se levantase del suelo—. Ya le ayudamos nosotros.

Mi madre solo atinó a darles las gracias y con la ayuda de aquellos hombres introdujo la ropa llena de barro en la maleta y entre dos la ataron fuertemente.

—¿Dónde va, señora? —preguntó el más alto.

—Voy a la calle Mas Marí, me han dicho que está al final de esta calle —contestó, limpiándose con cuidado sus heridas manos.

—No se preocupe, nosotros la acompañamos. Ayer estuvo todo el día lloviendo y está todo lleno de barro.

Cada uno de ellos cogió una maleta y el tercero se echó a los hombros a mi hermano pequeño. En caravana acabamos de subir aquella empinada calle, no sin sufrir algún que otro resbalón.

Al llegar a la calle Mas Marí, mi madre sacó las señas para ver a qué número nos dirigíamos. El primero en darse cuenta de nuestro destino fue el hombre que llevaba a cuesta a Manolito.

—Ahí es donde vive Manolo.

—Ese es mi marido, Manolo Pulido.

—Ya sabemos dónde es, vive en la barraca del Antonio y la María, conocemos a su marido del bar.

Y siguiéndoles nos adentramos por un estrechísimo callejón que nos llevó a las traseras de la calle. Aquel lugar, con una especie de patio central lleno de barreños, ropa tendida y trastos por doquier, estaba lleno de pequeñas barracas, construcciones hechas de madera, plásticos y cartones.

—¡María! —gritó el primero de la fila descorriendo una cortina en lo que se suponía que era una casa—. ¡María!

—¿Quién va? —se escuchó desde el interior.

—¡Sal, que tienes visita!

No tardó en aparecer una pequeña mujer vestida con una bata a cuadros y con el pelo recogido en un moño.

—¿Qué pasa con tantos gritos? —preguntó limpiándose las manos con un viejo trapo.

—Traemos a la familia de Manolo.

—¡Por fin llegáis! —dijo María interrumpiéndole—. Pasad para dentro que seguro que vendréis muy cansados.

Según íbamos entrando en aquella casucha, íbamos saludando educadamente a la señora María. Pese a que el interior intentaba parecerse a una casa, el lugar era desolador. Había un espacio central que hacía las funciones de sala y de cocina. Una olla desprendía un olor agradable a garbanzos; mis tripas empezaron a rugir. Al fondo de la estancia había dos cortinas. Eran dos habitaciones. Una la de la señora María y su marido, la otra la nuestra. Un pequeño cuartucho que contenía un camastro, un colchón en el suelo y un viejo armario comido por la carcoma. El olor a humedad era asfixiante.

No pude evitar que a mi cabeza acudiesen los recuerdos de la que había sido nuestra casa del pueblo. Un pequeño hogar de obra, con su patio y su pozo en la parte trasera que para nada podía compararlo con aquel infesto lugar que, con el paso del tiempo, se acabaría convirtiendo en la antesala de una desgraciada vida tan frágil e inestable como aquella pequeña barraca.

CAPÍTULO 4

Una nueva vida en Santa Coloma

Sentados en la mesa, mientras la señora María nos servía un plato de cocido, nos fue explicando cómo funcionaba la vida en aquella especie de corrala. No había agua corriente, ni luz eléctrica, eso sí, había una letrina que compartían todos los habitantes de las casas interiores, estaba situada al otro extremo del patio y era obligatorio llevar medio cubo de agua para poderla utilizar. Un lavabo para más de 50 personas… También nos dejó claro que una de las tareas importantísimas que había que hacer a diario era ir a la fuente a por agua. Una faena que enseguida me adjudicaron. Se necesitaba agua para beber, cocinar, lavar la ropa y los cacharros, para acicalarnos y para poder utilizar el lavabo. La fuente se encontraba en la calle de arriba y las colas eran enormes, así que había que ir bien temprano para conseguir llenar todos los recipientes que la señora María tenía dispuestos en la puerta de la barraca.

Después de comer, cargado con dos pesados cubos de metal, acompañé a aquella señora hasta la fuente situada en la esquina de la calle San Pascual. Me impresionó ver el estado en que se encontraban aquellas calles. Empezaba a quedarme claro que aquel concepto de pueblo, al que llamaban Santa Coloma, estaba muy lejos del que yo tenía de mi pequeño pueblo.

La señora María se puso muy contenta al ver las pocas personas hacían cola para coger agua.

—Por las mañanas es una locura, por eso hay que venir temprano —me comentó—. ¿Has aprendido bien el camino? Perderse en estas callejuelas es fácil, así que memoriza bien el trayecto que hemos hecho.

—Sí, señora María —contesté asintiendo con la cabeza—. Seguro que no me perderé.

Detrás nuestro se colocó un muchacho más o menos de mi edad que llevaba dos viejas garrafas. Me miró con curiosidad y de pronto soltó un gorgojeo imitando perfectamente el sonido de una tórtola. Aquello me gustó. Yo le contesté con un auténtico glugluteo que había aprendido a reproducir cuando ayudaba a mi tío Luis a recoger los pavos que criaba en el campo. Nos reímos un buen rato.

—¿Vives por aquí? —me preguntó.

—Sí, en la calle de abajo. He llegado hoy del pueblo.

—¿En la calle Mas Marí?

—Sí.

—¡Yo también! Luego jugaremos en la calle a fútbol, si quieres ven a jugar…

Así conocí al Tórtolo, un mote que le quedaba que ni pintado, su nombre era Juan, pero nadie le llamaba así. El Tórtolo era el jefe de la calle. Era el mayor de cuatro hermanos y no tenía padres. Vivía en una barraca cerca de la nuestra con su tía, una solterona que tenía muy malas pulgas. Sus hermanos estaban en el hospicio y a él le habían sacado de allí para que ayudase a su tía en las tareas cotidianas.

Aquella misma tarde me presentó al Colorao, al Moco, al Morcilla y al Catalán. Al principio no entendía por qué todos tenían un mote, al final de la tarde lo tuve claro: colorao como un tomate de tanto correr, unas velas de mocos que le llegaban hasta la boca, gordo como una morcilla y el Catalán porque hablaba con un acento totalmente nuevo para mí. El Catalán era el único que iba al colegio, el resto de la pandilla se pasaban el día yendo de un lugar a otro. El punto de encuentro de ellos era la fuente a primera hora de la mañana.

Después de pasar la tarde jugando en aquella desastrosa calle, volví a la barraca cuando empezaba a oscurecer. Lleno de barro y sudando entré en la barraca. La señora María me echó fuera.

—¡Por Dios! ¡Lávate antes de entrar! ¡Vas a pringarlo todo de barro!

Mi madre preparó una palangana y jabón y allí en la puerta me aseé. Cuando estaba acabando de acicalarme apareció mi padre, una fina capa de polvo le envolvía. Después de saludarnos salió a la puerta a lavarse, madre le siguió. Mientras cenábamos un poco de chorizo del que había sobrado del viaje, empezamos a escucharlos discutir. Estaba claro que las diferencias entre ellos giraban en torno a aquella casa que él le había explicado a mi madre y que había acabado siendo una barraca donde era imposible poder convivir siete personas. La voz de mi padre iba subiendo y yo ya temía que aquello acabase como siempre: unos guantazos y aquí mando yo…

Madre se calló antes de acabar como el rosario de la Aurora. Con lágrimas en los ojos entró en aquella sala para recoger la mesa y mandarnos a dormir en aquel viejo colchón al lado del catre de mis padres. Con mis hermanos estirados en un extremo y yo en el contrario, envueltos en un insoportable olor a humedad y agotados después del largo viaje, nos dispusimos a pasar nuestra primera noche en Santa Coloma.

CAPÍTULO 5

Conociendo Santa Coloma

Me desperté sobresaltado con el sonido del despertador de mi padre. Desorientado, tardé unos segundos en recordar dónde me encontraba. El sudor corría por todo mi cuerpo y una intensa sensación de sed había secado por completo mi boca. El reflejo de la luz de una vela me animó a salir a beber un vaso de agua de la jarra que había visto la noche anterior. Mi padre se estaba sirviendo un café del puchero.

—¿Y el agua? —le pregunté.

—Si buscas la jarra no la encontrarás, la tiene la casera en su cuarto.

—¿Y de dónde puedo beber?

—Pues mete la cabeza en el cubo que hay en la puerta, no creo que esta noche se haya ahogado ninguna rata —dijo riéndose de mí—. Y a ver si espabilas y empiezas a buscarte alguna faena que aquí todo es muy caro y yo a tu edad ya estaba cuidando ovejas.

Y así comenzó el día. Poco a poco, aquel patio empezó a tomar vida. Hombres y mujeres que salían de sus barracas para ir a trabajar, el sonido ahogado del llanto de niños, las primeras voces de la mañana y un bochorno asfixiante bajo un cielo encapotado.

La faena de acarrear agua fue mucho más dura de lo que imaginaba. En el tercer viaje que di, me encontré con el Tórtolo. Llegando a la fuente escuché su inconfundible gorgojeo. Allí estaba, aguantando pacientemente la cola con sus dos garrafas en la mano. Le saludé con un gluglú.

Cuando el Tórtolo ya había llenado sus garrafas se acercó hasta donde yo estaba y me dijo:

—Cuando acabes te esperamos en la calle, vente con nosotros a trabajar.

—¿A trabajar? ¿Vosotros trabajáis? —pregunté sorprendido.

—¡Pues claro! Ayudamos al *pagès* —dijo riéndose—. ¿Te apuntas?

—¡Por supuesto que sí! —contesté recordando las palabras de mi padre.

—Date prisa, no podemos llegar tarde —me recomendó soltándome un gorgojeo.

—Gluglú —le contesté.

Sin saber en qué consistía aquel trabajo y sin conocer a aquel señor que se llamaba *pagès,* me uní a ellos en la calle. Brincando como cabras bajamos hasta la calle Jacinto Verdaguer. Recorrimos aquella larga calle hasta llegar a unos descampados llenos de pequeños huertos que estaban cerca del río.

—¿Dónde estará el *pagès?* —preguntaban al aire entre risas y empujones.

Bajamos hasta la orilla del río y allí empezó nuestro trabajo. Recorrimos huertos parcelados con todo tipo de trastos que se entrelazaban en un espacio laberíntico. Intentando hacer el menos ruido posible, nos íbamos colando en el interior de aquellos que permanecían sin vigilancia. El Tórtolo, desde el exterior, controlaba si venía alguien, la contraseña de peligro era su gorgojeo. Con una rapidez extraordinaria cogían tomates, pimientos, calabacines o cualquier otra verdura que se encontrase en condiciones de ser consumida. Con la misma rapidez que entramos, salimos corriendo, cargando en dos sacos todo lo que habíamos recogido. Nos sentamos en la orilla de aquel turbio e infesto río a descansar.

—¿Y a esto llamáis trabajar? —pregunté comiéndome un jugoso tomate.

—Yo te dije que nuestro trabajo era ayudar al *pagès* y no te he mentido. Así ese hombre tiene que recoger menos verduras del huerto —comentó mondado de risa.

—Vamos a las cañas para partir el botín —dijo el Moco levantándose y cogiendo uno de los sacos.

Y allí, escondidos en los cañizales, repartimos las verduras. Ahora tocaba cruzar el río por la pasarela de madera e ir al barrio de las casas baratas a vender el contenido de aquellos pesados sacos. Aquel barrio, al igual que el nuestro, rezumaba pobreza por todos sus rincones. El Tórtolo y yo nos dirigimos hasta una pequeña taberna situada en medio de aquella hilera de idénticas casas. Entró como Pedro por su casa y saludó abiertamente al tabernero. Yo me quedé en la barra mientras que el Tórtolo se adentraba hacia el interior. Al poco salió y, despidiéndose hasta mañana de aquel enclenque hombre, abandonamos el lugar.

—¡Quince pesetas! ¡Hemos conseguido quince pesetas! —gritaba eufórico enseñándome las monedas que llevaba en las manos.

—¿Y mañana también vais a hacer lo mismo?

—¡No! ¡Mañana toca pájaros! —contestó alzando los brazos como si volase.

—¿Pájaros?

—Sí, pio-pio-pio —decía riéndose—. Mañana iremos a cazar pájaros a aquella montaña —dijo señalando al horizonte—. ¿Tienes tirachinas?

—No.

—Esta tarde te haremos uno y te enseñaremos a tirar. El tabernero también nos compra los pájaros… Vamos a buscar al Moco y al Morcilla, están tardando mucho.

Nos adentramos en el barrio y fuimos al encuentro de nuestros amigos. Los encontramos rebuscando en un montículo lleno de escombros y basura que había en una esquina de aquel curioso barrio. Eran los deshechos de una casa incendiada.

—¿Qué estáis haciendo ahí? —les preguntó el Tórtolo.

—¡Mira lo que hemos encontrado! —El Moco alzó un viejo paraguas al que solo le quedaban las varillas.

—¡Genial!

—¡He encontrado otro! —gritó contento el Morcilla.

Yo no entendía la alegría que sentían al encontrarse con esos inservibles paraguas, pero el Tórtolo me lo contó.

—¡Son flechas! ¡Auténticas flechas! Desmontamos las varillas y las convertimos en flechas. ¡También te haremos un arco! ¡Ya verás qué divertido!

Volvimos a Santa Coloma por el puente y subimos hasta nuestro barrio por la Rambla. Estaba claro que el centro de Santa Coloma nada tenía que ver con la zona donde nosotros vivíamos. Las calles estaban asfaltadas, había tiendas, más coches que en el Fondo y hasta vi un cine que se llamaba Capitol.

Al llegar a la esquina de la calle Doctor Pagès, nos alcanzó el Catalán que acababa de salir del colegio, estudiaba en la academia Manent. Todos juntos, enredando con aquellos viejos paraguas, llegamos hasta nuestra calle. Al despedirnos, el Tórtolo se acercó a mí.

—Toma, te has ganado tres pesetas. Baja esta tarde a la calle que tenemos que preparar el tirachinas —gorgojó a modo de despedida.

CAPÍTULO 6

Una realidad dolorosa

Y así empezó mi vida en Santa Coloma.

El ambiente en la barraca era insoportable. Mi padre acostumbraba a pararse en el bar antes de ir a casa. Allí se saciaba de vino como si no hubiese un mañana y jugaba a las cartas gastándose lo poco que ganaba en la obra.

Mi madre acabó encontrando trabajo en una casa del barrio de Gracia, por mediación de Josefa, una cordobesa muy graciosa que vivía en la última barraca de nuestro patio. El gran afán de mi madre era reunir dinero para poder, al menos alquilar una habitación en alguno de los pisos que se estaban construyendo en el barrio. Poder comprarlo era imposible… El dinero que mi madre pensaba que sería destinado para la entrada de un futuro piso, aquellas veinte mil pesetas que habían obtenido de la venta de la casa del pueblo, prácticamente se habían esfumado en las eternas partidas de cartas de mi padre en la bodega. Cuando ella se enteró dónde había acabado el dinero, montó en cólera y la trifulca fue monumental. Era la primera vez que la vi enfrentarse seriamente a mi padre, también fue la última. Le dio tal paliza que no la mató porque los vecinos acudieron a parar a mi padre. La señora María se enfadó mucho y estuvo a punto de echarnos de la barraca. Mi madre le suplicó que no nos echase, no teníamos a dónde ir y allí al menos podía tener recogidos a sus hijos. De mala gana aceptó la casera, pero le dejó claro que no toleraría más ese comportamiento. Así que, a partir de ese momento, mi madre nunca más se atrevió a alzar la voz a mi padre. Los insultos, tortazos y correazos que nos ganábamos mi madre, mis hermanos y yo, siempre se daban en un estricto silencio. El único que levantaba la voz era mi padre.

Las jornadas de trabajo de mi madre eran maratonianas. Salía de la barraca antes del amanecer en dirección a la plaza de la Vila para hacer la eterna cola del trolebús. Una fila que debía estar bien hecha porque, como ella explicaba, si alguien se intentaba colar o no estaba bien puesto en la fila, el policía municipal que vigilaba a aquellas horas la plaza les pegaba con una porra. Eran cientos y cientos las personas que se hacinaban dentro de aquellos autobuses que los trasladaban hasta Barcelona para ir a sus puestos de trabajo. La vuelta por la tarde no era mejor. Mi madre destinaba diariamente casi cuatro horas al día en ir y volver del trabajo, eso sin contar los días que había alguna movilización.

Recuerdo que un día que padre llegó de trabajar antes que mi madre y montó en cólera al ver que ella no había vuelto. Empezó con su retahíla hasta que la oyó despedirse de la Cordobesa. Llegaba agotada. Después del día intenso de trabajo, al llegar a Torres i Bages, se habían encontrado con la recomendación de no coger el autobús para así protestar por la subida del precio del billete. Mi madre explicaba que cientos de personas iban caminando en fila desde los cuarteles hasta Santa Coloma mientras los autobuses pasaban vacíos ante ellos.

Aunque el boicot al 3, que unía la plaza de la Vila con Torres i Bages, no bajó el precio del billete, sí que es cierto que se consiguieron dos líneas nuevas: el 103 y el 203. Autobuses que unían Singuerlín y el Fondo con Torres i Bages. Mi madre estaba contentísima. Ahora el trayecto hasta el trabajo era un poco más cómodo.

Mientras, mi vida cambiaba día a día. El hecho de que madre empezase a trabajar me había llevado a tener otra responsabilidad: cuidar a mis hermanos durante todo el día. Una responsabilidad que entorpecía la relación con la pandilla de la calle. No podía ir con ellos a correr nuestras aventuras cargado con Joselín y Manolito a mis espaldas que, con apenas cuatro y seis años, eran dos niños quejicas.

Rápidamente encontré una solución a la tesitura. Rosita, la hija mayor de la Cordobesa, era una muchacha de doce años que cuidaba a sus hermanas pequeñas mientras su madre estaba trabajando con la mía. Ellas no tenían padre, así que pensé que como en aquella casa solo entraba un jornal, podría convencer a aquella hacendada muchacha que añadiese a sus responsabilidades el cuidado de mis hermanos a cambio de verduras, pájaros y alguna que otra peseta.

Rosita me contestó que debía de preguntárselo a su madre, pero yo le dejé claro, abriendo y cerrando la mano con unos cuantos reales, que ese trato era entre ella y yo, las madres no debían de enterarse.

Al día siguiente me contestó. Aceptaba el trato, pero yo no podía desaparecer durante todo el día, la comida de los niños no entraba en el acuerdo y nadie del patio debía de enterarse. Simplemente los cuatro niños pequeños se habían hecho muy amigos y pasaban prácticamente todo el día jugando juntos. No veas como había resultado ser la Rosita, tenía más leyes que un juez y recordándome que "a siervos y a reyes da Dios unas mismas leyes", se entró en su barraca sin darme tiempo ni a contestar.

Claro está que acepté el trato y al día siguiente me incorporé a la pandilla. El destino era el Rompeolas. Me levanté temprano y antes de que mis hermanos se despertasen ya había ido a por agua a la fuente. En cuanto se levantaron, fueron directos a la barraca de la Cordobesa. Despidiéndome de la arpía de la Rosita, salí a la calle donde ya me esperaban el Tórtolo, el Moco y el Colorao, el Morcilla tenía anginas y se había quedado en cama con unas fiebres muy altas.

Llegamos a la plaza de la Vila y rondamos alrededor del trolebús. En cuanto echó a andar, el Tórtolo dio la voz de aviso: "Ahora". Todos corrimos detrás del trolebús y antes de que abandonase la plaza ya nos habíamos encaramado en la parte trasera. Subidos en una especie de pequeña plataforma y agarrados a los salientes de las ventanillas, viajamos hasta San Andrés. Allí volvimos a cambiar de autobús y continuamos nuestro trayecto hasta Trafalgar donde nos bajamos para ir andando hasta el puerto para coger aquellas barcas que se llamaban Golondrinas. Era la primera vez que veía el mar.

Desembarcamos en el Rompeolas y trepando entre rocas, con aquel artilugio que el Tórtolo había preparado y que a mí me recordaba a los cazamariposas que tenían algunas niñas del pueblo, pasamos la mañana cogiendo cangrejos. Acabamos empapados y tiritando de frío por el embate de las olas, pero con el saco lleno de cangrejos. Pasado el mediodía, nos montamos de nuevo en aquella barca de madera que nos trajo de vuelta al puerto de Barcelona.

Volver a Santa Coloma fue más rápido de lo que esperábamos. Recorriendo el puerto, el Moco se encontró con su tío que estaba descargando los bártulos de una familia que viajaba a Mallorca. Esperamos pacientemente a que vaciase la furgoneta y en cuanto acabó nos subimos para estar a resguardo de aquel frío que se había calado hasta los huesos. En poco menos de una hora estábamos de nuevo en el barrio. De camino, José, el tío del Moco, nos explicó lo rico que estaba el arroz con cangrejos. Tomé buena nota de aquella sencilla receta y me gané a la Rosita cuando la sorprendí con aquella vieja olla llena de arroz con cangrejos. Tenía que conseguir que fuera mi aliada…

CAPÍTULO 7

El Chalecos llega al barrio

Las lluvias del otoño hicieron mella en la casucha de madera, plástico y cartón. Las goteras, que constantemente se filtraban por cualquier rendija, lo mojaban todo. El frío empezaba a ser insoportable y la humedad constante de Barcelona no ayudaba a que los enseres se secasen, sobre todo nuestro colchón que estaba en el suelo. Por lo demás, todo continuaba igual. Yo me había acostumbrado a llegar a casa después de que mi padre se acostase para evitar así tener problemas con él. A veces preguntaba por mí, pero mi madre le decía que como me pasaba todo el día cuidando a los pequeños, salía tarde a jugar. Si ella hubiese sabido…

Una novedad importante fue la llegada al patio de una familia extremeña que compró la barraca del señor Pedro que, antes de irse al piso que había alquilado en la calle Amapolas, se despidió de todos y nos presentó a los nuevos vecinos: el señor José, la señora Consuelo y sus hijos Jesús y Angelita.

Rápidamente hice migas con aquel muchacho que siempre vestía con un chaleco, hecho que le llevó a ganarse un mote: el Chalecos. Él también me bautizó. Después de haber aprendido a reproducir diferentes sonidos de pájaros, me empezó a llamar el Flauta. No tardó en ser uno más de la pandilla y también convencimos a su hermana para que echase una mano a la Rosita con el cuidado de los pequeños.

Nosotros seguíamos haciendo una trastada detrás de otra. En las últimas semanas nos habíamos aficionado a visitar Badalona. La zona del centro era muy refinada y había parques donde los chicos jugaban a fútbol con pelotas que eran de verdad, no como las nuestras. Jugando a ser los indios que veíamos en los tebeos del trapero de la calle del Reloj, nos escondíamos alrededor de ellos y los atacábamos con las flechas hechas con las viejas varillas de los paraguas y decoradas con las plumas de los pájaros que cazábamos. Cuando veían caer las flechas, que en más de una ocasión habían dado de lleno en algún que otro culo, salían corriendo. Era el momento en que nosotros corríamos detrás del que llevase la pelota. Con ese método habíamos conseguido canicas, limas, peonzas e incluso cromos de picar para la Rosita y la Angelita que, poco a poco, se estaban convirtiendo en nuestras amigas.

Otro hecho importante que recuerdo de aquel otoño fue la visita que recibimos en el patio de un señor al que no conocíamos. Yo acababa de llegar de la fuente, cargado con dos cubos de agua, cuando lo vi en la puerta de mi chabola. Al acercarme me preguntó si estaban mis padres, yo le dije que no. Se presentó como el cura del barrio de Santa Rosa y a mí me sorprendió que no llevase sotana y que de su cuello colgase una cámara de fotos.

Enseguida se acercó la señora Dolores, que era muy cotilla, interesándose en qué era lo que quería aquel señor. Él nos explicó que estaba visitando el barrio con la intención de realizar un informe de las condiciones terribles que presentaban la mayoría de las calles que continuaban sin asfaltar y con aquellas fétidas aguas residuales corriendo por mitad de la calle. A eso añadió el problema de la vivienda, sobre todo el problema de las barracas que quedaban ocultas en los patios interiores. La señora Dolores miraba al cura con curiosidad. Le parecía mentira que alguien visitase el patio de barracas preocupado por las condiciones higiénicas y de habitabilidad en las que vivían. El cura, muy educadamente, pidió permiso para poder visitar alguna barraca y hacer fotografías de aquellas duras condiciones de vida.

La señora Dolores enseguida le dijo que sí y, llamando a toda prisa a otras vecinas que estaban en sus quehaceres, se acicaló lo mejor que pudo para salir bien en las fotografías.

En mi barraca fotografió la cocina de petróleo y el colchón donde dormíamos mis hermanos y yo, ellos hacia arriba y yo hacia abajo. No pudo fotografiar el olor a humedad, pero el cura me dijo que constaría en el informe.

En la barraca de la señora Dolores hizo fotos de las paredes, de su cuarto lleno de cazuelas, sartenes y cazos colgados encima de los colchones, a ella lavando los cacharros en la puerta y también una alegre foto de todos los vecinos en mitad del patio. Luego fotografió el viejo lavabo, la cantidad de trastos y basuras que se acumulaban por todos lados e, incluso, pudo captar la imagen de dos ratas que salieron corriendo al levantar el revoltijo de plásticos que había al lado de la letrina. El cura dio un respingo al verlas salir de golpe y todos los niños reímos al ver aquella reacción ante una situación tan normal para nosotros.

Después de la euforia inicial que había provocado aquella inesperada visita, la señora Dolores empezó a tener dudas de si habíamos hecho bien dejándonos fotografiar y enseñando nuestras humildes casas. ¿Y si ahora venían a echarnos de allí y perdíamos lo poco que teníamos? Llorando le rogaba al cura que, por favor, no hiciese ningún informe y que rompiese aquellos retratos que tan alegremente nos habíamos dejado hacer.

El señor cura la tranquilizó. Juntos se sentaron en las viejas sillas que tenía la disgustada vecina en la puerta de su barraca y, pacientemente, le explicó que su intención era ayudarlos. Bajo ningún concepto debía temer nada, nadie vendría a echarlos de allí. Él solo quería remover la conciencia de las autoridades y que fuesen conscientes de que nadie se merecía vivir en esas condiciones.

Más tranquila, acabó agradeciendo al cura sus buenas intenciones y deseando que aquello sirviese para algo bueno, se despidió de él.

Con la llegada de noviembre, a parte de las tareas que solíamos realizar a diario, añadimos otras, sobre todo la de acarrear leña para calentarnos. A eso sumamos una idea que se nos pasó por la cabeza. Como Santa Coloma en esos momentos era un hervidero de obras por doquier, nos dedicamos a recorrer las calles buscando en los montones de escombros todo aquello que podíamos utilizar para construirnos nuestra propia barraca.

Después de mucho mirar por el barrio, acabamos eligiendo un rincón en un pequeño descampado que había en la calle Bruch y allí montamos nuestra cabaña. Un viejo bidón nos calentaba con un vivo fuego; con restos de ladrillos y tablas construimos unos bancos para sentarnos; con sacos de plástico grueso, cosidos entre ellos con la ayuda de Rosita y Angelita, la habíamos techado y por último la rodeamos con viejas maderas apuntaladas con púas. Era nuestra guarida. Allí nos fumamos los primeros cigarros y también cayeron las primeras cervezas. Allí reíamos y llorábamos. Allí empezamos a repartir las primeras hostias si alguno del barrio se le ocurría tocar nuestras cosas. Allí empezamos a sentirnos grandes. Allí nos acabamos convirtiendo en intocables.

CAPÍTULO 8

Nacen "Los Correas"

Casi sin darme cuenta, el invierno dio paso a la primavera y el buen tiempo dejó atrás aquel frío húmedo que nos había acompañado durante meses.

En el mes de junio, la señora María traspasó la barraca a mis padres y alquiló un pequeño piso en la calle Pirineos. Mi madre insistió en que nos alquilase una habitación en su nuevo piso, pero ella le explicó que no podía. Después del verano, su hermano pequeño y su familia, siete en total, vendrían a vivir con ellos. Habían decidido abandonar el pueblo y probar suerte en Barcelona.

Ese verano, mientras la mayoría de los vecinos se habían ido a pasar unos días de vacaciones a sus respectivos pueblos, nosotros acondicionamos un poco la barraca. El cuarto de la señora María pasó a ser el de mis padres y nosotros pasamos a dormir en aquella vieja cama que había pertenecido a mis padres. Ahora la barraca era de obra y tenía un tejado hecho de uralita. Mucho temía mi madre que aquellos arreglos nos llevasen a vivir eternamente en aquel patio.

En septiembre, después de pasar dos días con sus respectivas noches haciendo cola en la puerta del colegio Fernando de Segarra, Rosita y yo conseguimos escolarizar a nuestros hermanos. Nuestras madres llegaron a la puerta del colegio cuando apenas quedaban una docena de personas por delante. La cola era enorme y lo que estaba claro era que muchas de aquellas familias, después de aquel esfuerzo, se quedarían sin plaza en el colegio.

Las clases empezaron y las responsabilidades cambiaron. Los primeros días, la Rosita y yo acompañamos a los niños al colegio, pero cuando se aprendieron el camino, empezaron a ir solos. Volvíamos a tener el día libre y pasábamos más rato en la cabaña de la calle Bruch que en nuestro patio. La Rosita y la Angelita, que resultaron ser unas chicas muy echadas para delante, pasaron a formar parte del grupo.

Empezamos a pasar las tardes en los futbolines de la calle del Reloj y allí conocimos a más chavales que, poco a poco, se fueron arrimando a nosotros. Algunos eran del barrio, otros de Badalona, pero todos teníamos algo en común: la sensación de no encajar en ningún lugar.

Poco a poco, nuestro pequeño descampado se fue animando y nuestra cabaña acabó convirtiéndose en el punto de reunión. Allí montamos un ring y, creyéndonos ser Pedro Carrasco, practicábamos su impecable *bolo punch*. Aprendimos técnicas de defensa y a cubrirnos. Allí aprendimos de lo lindo, a darnos de hostias.

Después de Navidad, convertido en un joven de 14 años, encontré mi primer trabajo de verdad: repartidor de hielo. Con un carro cargado con placas de hielo y una vieja burra a la que le costaba caminar, recorría los bares y bodegas de los barrios del Fondo, Santa Rosa, la Balsa y Sistrell. Ese trabajo me permitió tener más independencia económica y, aunque debía dar el dinero que ganaba en casa, pronto aprendí a mentir. Con excusas de que no siempre me pagaban, acababa quedándome más de la mitad de lo que ganaba.

Los futbolines, las partidas al billar, los encuentros en la plaza del Reloj, las peleas en el ring, las cervezas en la cabaña o los paseos a caballo por Montigalá eran las aficiones que llenaban mi tiempo libre.

Recién estrenado el verano, llegaron las fiestas del barrio.

Después de acicalarme en las duchas de la plaza del Reloj, estrené aquellos pantalones de campana grises que me había comprado en la tienda de Samblancat de la calle Conde del Asalto de Barcelona. Con aquella estrecha camisa negra anudada a la cintura, resaltaba mucho la correa que me había apropiado hacía unos meses en Badalona. La hebilla lucía a un poderoso búfalo dorado. Con mi peine en el bolsillo posterior del pantalón y con la melena bien peinada, bajé a los futbolines. Allí encontré al Tórtolo jugando una partida de billar con otros chavales. Poco a poco fueron llegando el resto de los chicos y todos juntos nos fuimos a los autos de choque que habían montado en la plaza del Reloj.

Animado con la música que ofrecía los autos de choque y bebiendo un cubata que había comprado en la bodega de enfrente, la vi llegar. La Rosita venía guapísima con aquella minifalda que dejaba al descubierto unas impresionantes piernas que me dejaron loquito. No tardé en comprar unas fichas e invitarla a subir a un auto de choque. Las Grecas, con aquella canción de "Te estoy amando locamente", nos acompañaron durante el viaje hasta que de repente recibimos un fuerte golpe lateral que levantó el coche de la pista y la Rosita estuvo a punto de salir despedida.

Me giré para ver quién era y descubrí, riéndose a carcajadas, a dos imbéciles que intentaban de nuevo chocar con nosotros. Rápidamente giré el volante y evité el choque, lo que quedaba de viaje lo dediqué a perseguirlos y a insultarlos. Ellos seguían riendo. Aquello me encendió de mala manera. Cuando sonó la sirena y los coches se pararon, salté del coche y fui a su encuentro.

Ellos se acercaron a un grupo de unos ocho chavales que esperaban al otro lado de la pista. Yo les seguí y al primero que me encontré, el que llevaba unas gafas de pasta, le arreé un puñetazo que le tiré al suelo. El amigo intentaba disculparse, pero no le di tiempo, un derechazo en la cara le hizo callar. Sus amigos intentaron defenderlos, pero ya era tarde. Mi grupo se había acercado y, aunque eran mayores que nosotros, no nos achicamos. Empezamos a repartir hostias y el que se había llevado el primer puñetazo se quiso poner chulito. Me quité la correa y le solté dos correazos. Mis amigos me imitaron y todos, con las correas en las manos, intimidamos a aquellos gilipollas hasta que salieron corriendo de los autos de choque diciéndonos que nos íbamos a enterar.

La Rosita, agradecida por haberla defendido, me dio un fuerte abrazo dejándome sentir esas dos peritas que le crecían día a día. No pude resistirlo y le planté un beso en la boca. Ella no lo rechazó. Fue el primer beso de los muchos que estaban por venir.

Esa noche, en las fiestas del barrio, ganamos dos cosas que marcarían nuestro destino: un nombre, "Los Correas", y un lugar privilegiado, los autos de choque.

CAPÍTULO 9

Las fiestas del Fondo

A raíz de aquel incidente en los autos de choque, entablamos amistad con los chavales que llevaban la atracción. Ellos habían visto lo que había pasado en la pista y lo cierto era que estaban cansados de recriminar a muchos jóvenes que esos golpes tan fuertes no estaban permitidos. Nos dijeron que se tenían bien merecido lo que les había pasado.

El Tano, que era el dueño de la pista, eran un gitano de Tarragona que se pasaba la vida de feria en feria. Nos presentó a su mujer y a dos primos suyos que le ayudaban a montar y desmontar aquel pedazo de pista.

Estuvimos con ellos hasta que empezó la verbena en un solar de la calle Jacinto Verdaguer. Todos juntos, un poco colocados con los cubatas que nos habíamos tomado, nos dirigimos a la fiesta. Las chicas habían insistido en que querían bailar. El Chalecos no perdía de vista a su hermana y la Rosita no se separaba de mí.

El solar estaba muy animado y los vecinos bailaban al ritmo de aquel grupo que cantaba rumbas. El Moco, el Morcilla y yo nos acercamos a la barra a pedir unas consumiciones. Al darnos la vuelta, con los vasos de cerveza en la mano, vimos que algo estaba pasando. El Tórtolo estaba rodeado de un grupo de chavales y las chicas hacían aspavientos para que nos acercáramos.

—¿Otra vez esos gilipollas? —atiné a decir.

Dejé las cervezas en la barra y con una rabia que me quemaba la sangre, fui corriendo hasta ellos. No pregunté nada. Me lié a soltar guantazos como un descosido. El resto del grupo me siguió. Solo paramos cuando oímos decir que venía la policía. Entonces salimos corriendo y nos refugiamos en nuestra cabaña.

El último en llegar fue el Morcilla que venía un poco asfixiado con la mano en el costado izquierdo diciendo que le costaba respirar. Le habían atinado un buen puñetazo en las costillas.

—¡Qué cabrones! ¡Seguro que me han roto una costilla! —decía encolerizado.

—¿Alguien conoce a ese grupo de gilipollas? —preguntó el Tórtolo.

—Yo conozco al de las gafas, vive en la calle Dalmau y mi padre dice que toda su familia son unos rojos… —aseguró el Moco—. Son de los que se juntan en la parroquia. Su padre siempre anda liándola por ahí.

—¿Cómo liándola? —pregunté.

—Pues con protestas. Que si más colegios, más autobuses, el ambulatorio… y todo eso.

—Pues el hijo le ha salido un poco imbécil. ¡Uf, solo pensar en él me dan unas ganas de machacarlo! —dije lanzando al aire dos puñetazos.

—Tranquilo, Flauta, ya tendrás tiempo de dar con él. Se juntan los sábados en el Centro Social de Santa Rosa, allí hacen sus guateques. Podemos hacerles una visita un día… —y riéndose, el Moco empezó a moverse alrededor del Flauta imitando estar en un ring.

—¡Venga! ¡Sigamos con la fiesta! —propuso la Rosita—. ¿Qué os parece si pillamos unas cervezas?

Entre todos pusimos dinero y el Colorao y el Moco se acercaron a la bodega de la calle Dr. Pagès y trajeron unas botellas de cervezas. Pasamos el resto de la noche en la cabaña bebiendo, fumando y con la música de la verbena de fondo. Los ánimos estaban encendidos y todos sabíamos que aquello no iba a acabar así.

Al día siguiente, a primera hora de la tarde, cogimos posiciones en los autos de choque. Era sábado y muchas familias llevaban a los niños a que montasen en aquellos autos locos. A última hora de la tarde los vimos llegar. Era un grupo de más o menos unos diez, pero nosotros éramos más. El Tórtolo se avanzó y yo le seguí, el resto del grupo quedó rezagado detrás nuestro.

—¿Qué hacéis aquí? —le preguntó el Tórtolo al gafitas con un tono vacilón—. ¿Queréis otro repasito?

—Oye, nosotros no queremos problemas. Si el choque de ayer os molestó, pedimos disculpas y ya está. Solo estábamos divirtiéndonos en la atracción…

—¿Divirtiéndoos? ¿Dices divirtiéndoos? ¡Gilipollas de mierda! ¡Si no os largáis de aquí ahora mismo os vamos a volver a partir la cara! —decía el Tórtolo a pocos centímetros de la cara del gafitas.

—¡Oye, tú, no te pases con él! —se le ocurrió decir a un chaval que estaba al lado del gafitas y poniéndole la mano al Tórtolo en el hombro, le echó hacia atrás.

No hizo falta nada más, era lo que necesitábamos. Se lió tal bronca que tuvieron que parar la atracción. Las hostias les llovían por todos los lados y nos vengamos bien de la costilla del Morcilla. Acorralados por todos nosotros les dimos de lo lindo. Lo que estaba claro era que esa noche la fiesta se les había acabado antes de empezarla. Nos reímos de ellos cuando los dejamos irse por patas.

Nosotros seguimos la fiesta en los autos de choque. La música era mejor que la de la verbena y allí acabamos borrachos perdidos de cubatas.

Aquellas fiestas del barrio del Fondo fue el principio de todo.

CAPÍTULO 10

Afianzándonos

Aquellos incidentes no pasaron desapercibidos en el barrio y fue la comidilla durante unos días. A mí me costó mi puesto de trabajo y una bronca enorme con mi padre. De nada me sirvió justificar que el gafotas de los autos de choque que, por casualidades de la vida era sobrino de la mujer de mi jefe, era el responsable de la pelea en la verbena. Mi padre me dejó claro que nunca iba a permitir que bajo su techo se cobijara un gamberro que no sabía respetar a la gente. Yo me quedé atónito con aquellas palabras. ¿Acaso él sabía respetar?

Nuestra dinámica veraniega no cambió mucho. Seguimos echando nuestras partidas diarias en los futbolines y billares y los fines de semana nos recorríamos todas las fiestas de los barrios de Santa Coloma, Badalona y San Adrián. A donde iban los autos de choque, allí estábamos nosotros. Buena música, chicas bonitas y alguna que otra bronca.

También nos aficionamos a montar guateques en el Clíper, una planta baja de la calle del Reloj, un bar que tenía un patio en la parte trasera y del que nos acabamos adueñando. Allí escuchábamos la música que nos gustaba: Las Grecas, Bambino, El Luci y sobre todo aquellos dos grupos que se empezaban a escuchar y que marcarían nuestra vida, Los Chichos y Los Chunguitos.

Poco a poco, aquel grupo de amigos del barrio fue creciendo hasta que nos convertirnos en una banda. Éramos chavales de entre doce y dieciocho años y aunque la mayoría de nosotros éramos del Fondo, también acogimos en el grupo a algunos chavales de Badalona, de Santa Rosa y de Singuerlín. Iniciamos la década de los setenta pisando fuerte y pronto nos ganamos una fama que arrastraríamos durante años y que acabaría estigmatizando a toda Santa Coloma. Éramos la banda de Los Correas.

Ambientados de pleno con la moda de los setenta, lucíamos largas melenas, pantalones acampanados, camisas estrechas, cazadoras tejanas cortas y entalladas, la correa remachada con monedas de dos reales y una gran hebilla y, cómo no, un gran peine en el bolsillo posterior del pantalón. Una estética que rompía lo típico y tópico del momento y nos hacía ser diferentes.

Siempre nos movíamos en grupo y, aunque nunca tuvimos una estructura interna de liderazgo, sí que había un respeto a los veteranos. El Tórtolo, el Morcilla, el Moco, el Chalecos y yo, el Flauta, éramos los referentes.

Después del verano, empezamos a rondar nuevos locales. Nos aficionamos a ir de fiesta al Delfos, un bar musical que habían abierto en la calle Massanet, al Póker, otro local parecido de la calle Sicilia, a La Boite de la Rambla San Sebastián y a la discoteca Vivace de Badalona. que estaba en el paseo Marítimo. Esos locales eran nuestro territorio. En otros, como el Titus de Badalona o en los propios Centros Sociales de Santa Coloma, no éramos bienvenidos. Eso no evitaba que, de vez en cuando, nos adentráramos en esos ambientes con el único objetivo de provocar.

En esa época fue cuando descubrimos la famosa Adormidina que mezclada con el alcohol nos cargaba de violencia y sí, nos encantaba ir a tocar las narices a aquellos chavales, la mayoría intelectuales de la época, que nos miraban con recelo. Reconozco que disfrutábamos yendo, de vez en cuando, a los Centros Sociales, en concreto al de Santa Rosa que era el más fiestero de todos. Llegábamos altivos, intimidando y esperando a que un comentario fuera de lugar, una mirada o un pequeño empujón, constituyera la excusa que necesitábamos para liarla. Entonces empezaban las hostias y la fiesta se acababa… Aunque recorrimos en más de una ocasión los centros de Can Mariné, del Arrabal, de Singuerlín, de Sistrell e, incluso, recuerdo haber ido a petar un guateque en el recién estrenado instituto del Puig Castellar, nosotros teníamos, entre ceja y ceja, el Centro Social de Santa Rosa.

Esa terquedad nos llevó a tener serios problemas en el barrio. Nuestro comportamiento, siempre generador de conflictos en torno a nuestra banda, se fue generalizando con el paso del tiempo. Empezamos a tener fuertes enfrentamientos con los vecinos que, incluso, acabaron crearon piquetes de autodefensa. Nada de eso consiguió cambiar nuestro comportamiento: nosotros seguíamos en nuestras trece, haciendo lo que nos daba la gana.

En muchas ocasiones, el cura de la parroquia del Fondo se acercaba a la plaza del Reloj a hablar con nosotros. Intentaba mediar, con toda su buena voluntad, entre nosotros y el barrio. Insistía en que formásemos parte de los Centros Sociales, que debíamos integrarnos a nivel social, que contásemos con él si teníamos un problema. Siempre nos dejó abierta la puerta de su parroquia, allí podíamos encontrar un refugio, pero nosotros no estábamos por la labor…

Éramos especialistas desluciendo las fiestas populares. Como aquella noche en que actuaban "Los Albas" en un solar del barrio del Fondo. Eran las fiestas del barrio y los vendedores ambulantes aprovechaban las fiestas para ofrecer a los vecinos todo tipo de artículos. Cuando vimos a aquel pobre hombre con su burro cargado de cerámica, no se nos ocurrió otra cosa que quitarle el burro y meterlo en mitad de la verbena. El solar estaba a reventar de vecinos que corrían de un lugar a otro mientras nosotros atizábamos al animal para que corriese detrás de ellos. Evidentemente, el grupo paró de tocar y acabó viniendo la policía. En ese momento salimos corriendo.

Anécdotas que llenaban nuestra marginada y desarraigada vida. Acciones que se oyeron y salpicaron diferentes puntos de Santa Coloma creando, en muchas ocasiones, pánico entre la población.

Mientras los vecinos de Santa Coloma se movilizaban en grandes manifestaciones para conseguir un ambulatorio, semáforos, alumbrado público, escuelas y, en general, mejoras para aquella recién estrenada ciudad, nosotros decidimos iniciar un camino de difícil retorno. Dos situaciones bien distintas que solo convergían juntas en los artículos que nos dedicaba la revista Grama.

CAPÍTULO 11

Grandes enfrentamientos

Una de las mayores batallas que libramos fueron los enfrentamientos que manteníamos con los Centros Sociales. Es cierto que, desde diversos sectores, habían intentado mantener un diálogo con nosotros a raíz de los diversos altercados que habíamos provocado entre los vecinos y la gente cercana al Centro Amigos del Fondo, pero nosotros no estábamos por la labor de dialogar. Nosotros seguíamos en nuestra línea.

Con la seguridad de que a aquellos jóvenes que frecuentaban los Centros Sociales no les interesaba llamar a la policía, por lo que se cocía en el interior de los locales, y que, por otro lado, a la policía le resbalaba lo que les pasaba a aquellos revolucionarios, nosotros derruíamos, con total impunidad, los diferentes centros.

Como en muchas ocasiones, aquella tarde de verano nos lanzamos a la caza de un Centro Social. Ese día elegimos el Local Social del barrio de Sistrell en Badalona. Llegamos con el poderío que, de costumbre, nos otorgaba el grupo y, chuleando a todos, nos metimos en el local. Los acordes de Nino Bravo, con aquella canción de "Al partir, un beso y un adiós", nos animó a coger a un par de chicas e invitarlas a bailar. Ellas se negaron y nosotros no les dimos opción. Obligadas tuvieron que dar unos pasos lentos con nosotros. Pero de golpe y porrazo la canción se paró y nos vimos rodeados de unos gilipollas que buscaban camorra con nosotros. Las chicas desaparecieron rápidamente y a partir de ahí no sabría bien explicar lo que pasó. En aquella ocasión, por primera vez, los chavales del centro se enfrentaron a nosotros.

Supongo que aquella resistencia que mostraron los chavales nos llevó a perder los papeles y la bronca acabó siendo monumental. El saldo fue un local prácticamente destrozado y un herido grave por un fuerte golpe en la cabeza. Abandonamos el barrio con los nudillos encendidos de repartir tanto puñetazo.

El incidente no acabó ahí y como respuesta, al cabo de unos días, un grupo de chavales, la mayoría militantes de izquierda del barrio del Fondo y de Sistrell, pillaron por banda al Tino y al Bombo y les dieron una buena paliza. Aquella acción nos cegó y prometimos una respuesta contundente.

Nos reunimos en nuestra guarida y, con los ánimos encendidos, decidimos marchar sobre la plaza del Reloj en dirección al barrio de Sistrell. Estábamos decididos a quemar el local.

Nuestra intención, que corrió por el barrio como la pólvora, provocó la alarma entre el vecindario. Antes de llegar a la calle Estrella, ya en el barrio de Sistrell, nos encontramos con que unos miembros del centro habían improvisado unas barricadas y nos estaban esperando armados con botellas inflamables. Encolerizados retrocedimos hacia la plaza del Reloj.

Sin que nuestra sed de venganza se hubiese calmado, volvimos a intentarlo al cabo de unos días. Ese día fue peor. Al llegar a la plaza del Reloj nos esperaba un fuerte contingente de vecinos que, venidos desde diferentes puntos de la ciudad, estaban dispuestos a mostrarnos su rechazo. Nos rodearon e intentaron apalearnos. Hubo fuertes enfrentamientos y solo mitigó la situación la actuación del cura del barrio que, en medio de los vecinos y de los municipales, intentaba dialogar con ambas partes para mediar ante una situación que se había ido totalmente de las manos. Ante la confusión que se creó en la plaza, los municipales acabaron deteniendo, en el interior de un coche patrulla, a dos miembros de los centros. El caos y la tensión del lugar llevó, en un descuido de la autoridad, a que los propios vecinos liberasen a los detenidos. Nosotros acabamos refugiándonos en la parroquia.

También recuerdo los asaltos a los centros de Santa Rosa, Arrabal y Can Mariné. En este último, que en aquella época estaba muy concurrido de jóvenes, tuvimos un fuerte enfrentamiento. Como siempre, aquella tarde empezamos a rondar por los alrededores del centro. En cuanto nos veían por allí, corría la voz de que Los Correas están merodeando por la calle. Algunos corrían huyendo del centro, otros se quedaban. Y aquel día se quedaron muchos, tantos que nos ganaban en número. El centro estaba a rebosar y nosotros decidimos entrar ya que la delegación de los Centros Sociales insistía en que debíamos integrarnos en los centros como un vecino más. Algo difícil de conseguir porque aquel no era nuestro ambiente.

Entramos abriéndonos paso entre chicos y chicas que bailaban las conocidas canciones de los setenta. Nosotros queríamos escuchar la música que nos gustaba y empezamos a exigir nuestras canciones, pero parecía que ellos no estaban por la labor, eso empezó a caldear el ambiente y la chispa saltó con un empujón, se lio la de San Quintín… Aquellos chavales, que supongo que ya estarían un poco hasta las narices de que siempre les jodiéramos la fiesta, tuvieron una respuesta contundente. Se enfrentaron a nosotros e incluso algunos de los nuestros recibieron una buena somanta de palos. El centro quedó para el arrastre.

También recuerdo un día, entre tantos, que entramos en el Centro Social de Santa Rosa. Aquel día, en la parte de arriba del centro, había un grupo de jóvenes y, como siempre, sin venir a cuento, empezamos a discutir con ellos. El Chico empezó a tirar las sillas y a soltar alguna hostia. Lo que no nos esperábamos era que en la parte de abajo había un grupo de hombres haciendo unas estanterías. Cuando oyeron el jaleo subieron y el carpintero, armado con sus herramientas en un amplio cinturón, nos paró los pies. El Chico, que vaciló a aquel hombre, se llevó un golpe en la frente con el martillo del carpintero. Le dejó fuera de juego. Todos huimos corriendo, dejando al Chico inconsciente en manos de aquellos hombres que acabaron cuidándole hasta que reaccionó. El Chico no volvió a pisar un Centro Social.

Estos hechos, lejos de disuadir nuestro comportamiento, nos armaban de razones para seguir cejados en nuestra conducta. Éramos rechazados por el vecindario, pero a la vez provocábamos una atracción fatal en otros jóvenes, e incluso niños, que, sin rumbo ni ganas de adaptarse a una situación estable, veían en nosotros un desafío total a una sociedad que no estaba hecha para nosotros. Para ellos éramos un ejemplo a seguir. Así nacieron Los Quitapenas que, como mucha gente decía, era nuestra cantera. Niños que, siempre protegidos por nosotros, siguieron nuestros pasos. Entre ellos estaban mis hermanos.

CAPÍTULO 12

Los Curris

A parte de todos los problemas que teníamos con los vecinos, también manteníamos una guerra abierta con Los Curris, una banda afincada en Badalona que eran nuestros enemigos.

Los enfrentamientos con Los Curris, que en muchas ocasiones era una cuestión territorial y de fuerza, nos llevó a vivir una de las situaciones más trágicas para la banda. Todo había empezado un domingo por la tarde cerca de la discoteca la Doncella de Badalona. Un tira y afloja con dos machos alfas rivales, acabó en una pelea en mitad del paseo Marítimo de Badalona. La actuación de la policía nos disuadió, pero solo fue un aplazamiento. Nos veríamos las caras el siguiente sábado por la tarde en el descampado de la plaza del Reloj.

Durante la semana nos fuimos calentando. Los rifirrafes que llegaban a nuestra guarida nos iban nutriendo de violencia. Deseábamos que llegase el sábado y saldar cuentas con Los Curris.

Armados con nuestras correas y algún que otro palo, desfilamos hacia el desafío. Atravesamos la plaza del Reloj bajo la mirada preocupante de los vecinos. Llenos de ira nos dirigimos al descampado. Al llegar no encontramos a nadie. Encendidos, impacientes, gritando a los cuatro vientos la cobardía de los rivales, esperamos a ver si se atrevían a venir para enfrentarse a nosotros.

Cuando ya habíamos decidido que seríamos nosotros los que iríamos al barrio de la Salud a buscarlos, pasó lo que no nos esperábamos. De pronto, el descampado se llenó de coches de policía.

Despavoridos empezamos a correr en varias direcciones. El grupo se deshizo y cada uno escapó como pudo. Yo corría al lado de un pequeño grupo formados por unos diez, íbamos en dirección a Badalona seguidos de cerca por un coche de la policía. El Chalecos corría a mi lado. Antes de llegar a la parte alta de aquel barrio, el coche paró y la policía detuvo a los que se habían quedado más rezagados. Nosotros seguimos corriendo y conseguimos despistarlos a la altura de los bunkers y, sin pensarlo dos veces, saltamos la valla. Pensábamos que estábamos fuera de peligro. No sabíamos dónde nos acabábamos de meter…

Riéndonos del esquinazo que acabábamos de dar a la policía, nos vimos rodeados de militares que nos apuntaban con sus armas. Se nos pasó la risa de golpe y porrazo. Con las manos en alto, nos levantamos del suelo pidiendo que no disparasen. De nada nos sirvió disculparnos, acabamos detenidos por adentrarnos en una zona militar.

Primero nos llevaron a un cuartel militar y después a la co-misaría de la Vía Layetana. El Chalecos, el Risas, el Niño y yo pasamos un rato divertido con aquel cabrón al que llamaban el Cojo. Un puto gitano que había renegado de su raza. Un delin-cuente que, por su redención, se había convertido en un gris que acabó escalando mucho más alto de la escala básica. Aficionado a pegar en los calabozos, estaba obsesionado con desarticular la famosa banda de Los Correas. De todo esto nos enteramos más tarde. En aquel momento, después de la paliza que recibimos y que nos dejó baldados durante unos días, solo juramos que, en cuanto pudiésemos, le joderíamos la otra pierna.

Después de tres días en los calabozos, nos trasladaron al juzgado. Allí escuchamos la sentencia. Tres meses de cárcel por acceder a una zona militar huyendo de la policía y encima nos aplicaron la ley de vagos y maleantes.

Con diecisiete años recién cumplidos, pisé la cárcel Modelo por primera vez. Lo primero que nos hicieron, nada más ingresar, fue raparnos al cero. Perdimos nuestras largas melenas y parte de nuestra identidad.

Allí conocimos a todo tipo de personas. Aquello era una selva, pero con hombres en lugar de animales. Las armas corrían por doquier y los presos se envalentonaban con los carceleros. La situación era lamentable. Presos políticos, asesinos, atracadores, inocentes, culpables, cicatrices, tatuajes... daba igual, todos juntos formaban la mayor jungla que hasta entonces habíamos conocido.

Allí nos acercamos a los grandes, a los que eran chungos de verdad, con los que no te podías pasar ni un poquito porque te jugabas la vida.

Al Curro, un delincuente de Somorrostro con numerosas condenas por robos en sucursales bancarias y un asesinato a las espaldas, le caímos en gracia. Había oído hablar de la banda de Los Correas de Santa Coloma y en seguida se interesó por nosotros. Nos convertimos en sus protegidos.

Nos enseñó a cómo sobrevivir en la Modelo y qué códigos había que respetar. Un complicado submundo donde las tonterías se reducían a su mínima expresión. Aquello no era la calle. Una tarde, en el patio de la prisión, el Curro nos tatuó cinco puntos en la mano: cuatro puntos que significaban las cuatro paredes de la celda; el quinto, situado en el centro, era el preso. Un tatuaje que nos acompañaría toda la vida para que nunca olvidásemos lo que significa estar sin libertad.

CAPÍTULO 13

Entre rejas

Los recuerdos de aquella primera vez entre rejas me remueven las entrañas. Entramos siendo unos pardillos que teníamos más chulería que maldad, pero de allí salimos hechos unos golfos.

Durante aquellos largos meses, solo tuve una visita de mi madre que, sin parar de llorar, no acababa de entender hacia donde estaba dirigiendo mi vida. Me dejó claro que mi padre no quería saber nada de mí y que, después de mucho discutir, había accedido a firmar los papeles del juzgado por ser menor de edad.

La Rosita no me falló, ella sí que venía a verme siempre que tenía ocasión. Ella me explicaba que el ambiente en el patio de barracas estaba muy caldeado y que algunos vecinos, activistas de las Comisiones de Barrio, habían tenido serios enfrentamientos con los padres del Chalecos y con los míos debido a nuestro comportamiento. Mi padre incluso había llegado a las manos con el Sevillano, un vecino que vivía en la calle Dr. Pagès…

En aquellas visitas también me ponía al día de la banda. Ellos no querían aparecer por allí para evitar problemas. No era un buen momento, pero siempre nos traía tabaco de parte del Tórtolo y del Moco. La novedad de esos meses fue que el Tórtolo se había hecho novio de la Angelita. Por lo demás, el grupo seguía con su misma dinámica.

Salimos de la cárcel un frío día de invierno. Nuestras madres vinieron a buscarnos y con ellas abandonamos el trullo con el compromiso de ir a sellar los papeles una vez al mes a la comisaría.

Volvimos a la realidad del barrio. Los amigos nos recibieron con honores; mi padre con una tunda de hostias.

Empezamos a buscar trabajo, pero con antecedentes policiales era difícil que nos contratasen en ningún sitio y lo poco que salía estaba muy mal pagado. El Chalecos y yo estábamos sin blanca, eso nos llevó a empezar a saquear las cabinas telefónicas. Era la única forma de conseguir algo de dinero.

Una mañana de mayo, después de habernos recorrido las fábricas de Badalona en busca de algún currillo, acabamos robando unas cervezas de un camión que estaba descargando en un bar en el barrio de Lloreda. Cargados con las botellas nos dirigimos hacia el Castillo del Alemán. Sin nada que hacer, nos tomaríamos aquellas cervezas calientes tirados al sol.

Al llegar, encontramos a un tipo que, subido en una roca, a pecho descubierto y con las greñas al aire, cantaba por Led Zeppelin con un colocón que le hacía contornear todo su cuerpo al ritmo de los acordes que emitía su pastosa boca. Nos paramos con él y nos dimos unas risas. Era un tipo diferente, decía que era un hippie y que vivía allí, en una cueva. Le ofrecimos una cerveza y él, agradecido, nos preguntó:

—¿Queréis fumar?

—Sí —se apresuró a contestar el Chalecos, pensando que nos ofrecía tabaco.

Aquel chaval, que rondaría los veinte años, se bajó de donde estaba encaramado y con movimientos lentos y descoordinados, sacó el tabaco y una bola marrón. Nosotros no sabíamos qué era aquella bola.

—El mejor chocolate que hay en Barcelona —comentó arrastrando las palabras.

Le vimos abrir un cigarro, quemar un trozo de aquella bola y liarlo de nuevo en papel de fumar. Me lo dio para que lo encendiese. Con la primera calada me entró una tos que un poco y más y me asfixio. El Lolo, que así nos dijo que se llamaba, se reía a carcajada limpia meciéndose de delante hacia atrás. Al Chalecos le pasó lo mismo, pero eso no impidió que siguiéramos fumando. El colocón fue de órdago. Las sensaciones que me despertó aquel primer porro son de mis mejores recuerdos. El alcohol nunca me había proporcionado nada parecido.

El Lolo nos explicó que él era de Barcelona, de la zona de Lesseps, pero desde hacía unos meses vivía en una cueva de al lado del castillo. Su abuela, que era alemana, lo había heredado de un antepasado suyo y él quería reconstruirlo y vivir allí. Luego nos dijo que era mentira, y riéndose a carcajada limpia, casi sin poderle entender, confesó que él solo quería vivir en libertad y al aire libre.

Nosotros que, después de fumarnos otro porro no dábamos pie con bola, tanto nos daba lo que aquel colgado nos explicase. Lo único que nos interesaba era saber dónde podíamos conseguir ese chocolate.

Le costó decírnoslo, pero al final lo hizo: en las casas baratas.

Tomando buena nota del contacto de las casas baratas y con un par de chinas en el bolsillo, nos despedimos del Lolo.

—¡Aquí me tenéis para lo que necesitéis! —gritaba despidiéndose de nosotros, encaramado de nuevo encima de aquella roca—. ¡Esta es vuestra casa!

Así empezamos a fumar los primeros porros.

Probablemente fuimos de los primeros en fumar chocolate en Santa Coloma. Me acuerdo de que, al principio nos escondíamos en las cloacas del paseo Marítimo de Badalona para evitar alertar a la policía con el olor tan penetrante que desprendía aquel hachís tan puro que había en aquella época. Entre el hedor que rezumaban las cloacas y el colocón de los porros, salíamos de allí dentro mareados perdidos.

Pero aquella primera vez, después de abandonar el Castillo del Alemán, nos costó llegar al barrio. Entre el calor bochornoso de aquella primavera que más parecía verano y el globo que llevábamos, el camino se hizo eterno. Al pasar por la calle San Pascual, decidimos meter la cabeza debajo del chorro de la fuente, fue entonces cuando oímos un estruendo muy grande en la esquina de la calle Bruch. Vimos que la gente de la calle empezó a correr en aquella dirección. Nosotros los seguimos. El camión del vino de Vicente había volcado. ¡Cómo corríamos cogiendo las botellas y las garrafas que no se habían roto! Nuestra cabaña, que estaba situada a escasos metros del accidente, sirvió de almacén. El conductor, que estaba un poco aturdido del golpe, tardó demasiado en intentar evitar el expolio. A nosotros se nos pasó el colocón de golpe y porrazo. La ocasión merecía actuar rápido. Con aquellas botellas y garrafas conseguiríamos un buen pellizco.

Aquella misma tarde, cuando nos juntamos en la cabaña con el resto del grupo, hicimos buen atino del vino y de los dos canutos que nos había dado el Lolo.

A la Rosita, que llevaba un buen pedo, le dio por reír. Estaba guapísima y muy zalamera, así que yo me dejé mimar. Empezamos con las caricias, luego los besos que dieron paso a los magreos. Yo estaba que me salía, pero no podía ir más allá. La cabaña estaba llena y parecía que a todos les gustaba mirar. Me levanté y les dije:

—¿No tenéis casa?

La indirecta funcionó y todos desaparecieron. Allí nos quedamos ella y yo. En el silencio de la noche, estirados encima de unos cartones y con la respiración entrecortada, buscamos nuestros cuerpos con el ansia de saciarnos el uno del otro. Con la torpeza que te otorga la primera vez, disfrutamos de aquellas tracas de excitación que nacían desde nuestras entrañas y explotaban proporcionándonos el mayor placer que jamás hubiésemos sentido.

Cuántas veces ha venido a mi memoria aquella noche. La Rosita, aquella morenaza cordobesa que fue mi bendición, pero también sería mi perdición.

CAPÍTULO 14

Un paso hacia delante

Y así empezó nuestra relación. Éramos dos jóvenes de diecisiete años que teníamos prisa por vivir. Éramos atrevidos, inconscientes, rebeldes y retadores de cualquier ley establecida. Jugábamos un pulso con la vida que pensábamos ganar. Todo nos daba igual, así nos acabó yendo…

Quizá fue por aquel entonces cuando, dentro de la banda, se formaron dos sectores. El más moderado y el más radical. Algunos de los colegas tenían sus novias, sus trabajos y empezaban a tranquilizarse. Por el contrario, otros, entre ellos yo, seguimos atravesando líneas rojas que nos acabarían llevando a la autodestrucción.

El Chalecos, harto de no encontrar trabajo, acabó enrolándose en los autos de choque. Una noche durante las fiestas del barrio de Singuerlín, el Tano nos explicó que buscaba a un chaval que le ayudase a montar y desmontar su pista. Su primo se casaba en unas semanas y dejaba de trabajar para él. El Chalecos no se lo pensó y, más contento que unas pascuas, aceptó el trabajo.

La Rosita y yo hicimos un buen tándem. Junto con el Moco y algún chaval de la banda, empezamos a dar nuestros primeros palos. La Rosita era buena despistando en las tiendas, sobre todo en las farmacias, en las tiendas de ropa y en las gasolineras. Ella entraba y, acusada de un mareo o un supuesto embarazo, captaba la atención del dependiente que salía a socorrerla. Entonces era cuando nosotros entrábamos en acción. Coger rápidamente el dinero de la caja o los medicamentos que queríamos para colocarnos, se nos daba muy bien.

También nos aficionamos a "tomar prestada" alguna que otra motocicleta. Aprendimos a trucar el carburador, a poner chiclés más grandes y, sobre todo, a lijar bien el número de bastidor que iba grabado en el chasis. Nuestras preferidas eran las Bultaco, las lobitos de 125cc.

Subidos de dos en dos en las motos, acostumbrábamos a ir al Castillo del Alemán. Allí descubrimos nuevas dimensiones de la vida. Detrás de aquellos porros que nos fumábamos con el Lolo, vinieron los bichos, ácidos que nos sumergían en una alucinación total. Californianos, Vulcanos o Apocalipsis nos trasladaban al surrealismo absoluto.

Un día, creo que estábamos escuchando a Mikel Oldfield, no lo recuerdo bien, vi elefantes volando por encima del castillo. En mi ansia de alcanzar a uno de los elefantes, resbalé y caí por un precipicio. El resultado fue una gran hostia y un brazo roto. El Tórtolo me llevó al dispensario que había al final de la calle San Carlos, pero cuando llegamos descubrimos que estaba en llamas. Yo ya no sabía si era un incendio de verdad o era una alucinación mía. En mi intento de descubrirlo me acerqué a la entrada. Solo recuerdo los bandazos que recibí en el brazo quebrado. Ante mí estaba el cabo Ruíz, era la primera vez que le veía, pero no sería la última. Con un despotismo único en él, me amedrantó con darme un par de hostias si volvía a acercarme al dispensario. Solo atiné a decirle que me había caído y que creía que tenía el brazo roto. Él me miró y resoplando entre dientes me dijo algo de una residencia.

Nos fuimos de allí cagando hostias. Cuando llegamos al barrio, los amigos estaban en la plaza del Reloj. Nos bajamos de la motocicleta y nos dirigimos hacia el grupo. Allí estaba el cura del barrio con unos papeles en la mano. Al acercarnos se me quedó mirando y, preocupado, se acercó a mí.

—¿Estás bien, hijo? —me preguntó mirándome de arriba abajo.

—Me he caído y creo que me he hecho algo en el brazo —contesté como pude a aquel hombre.

—Tienes mala cara, ¿por qué no te acercas al dispensario para que te miren el brazo? —me dijo interesándose por mí.

—Está en llamas —contesté.

—¿Qué dices? —preguntó atónito aquel individuo.

—Pues eso, ¡fuego, fuego! —y sin saber por qué me eché a reír como un descosido.

—¿Estás diciendo que hay un incendio en el dispensario?

—Sí —contestó el Tórtolo—. Está en llamas.

—Ven conmigo —me dijo—. Yo te puedo ayudar.

—Pero ¿cómo me va a ayudar?

—Anda, sígueme, vamos a la parroquia.

Y sí que me ayudó. Entramos en aquella sacristía, que más parecía una oficina, y de un armario sacó un botiquín. Con diferentes artilugios que iba sacando de un lugar u otro, me acabó entablillando el brazo.

—Con esto será suficiente, pero si tienes la posibilidad de acercarte a la residencia no te vendría mal. Si, como dices, el dispensario se ha incendiado, que Dios nos coja confesados porque Santa Coloma se ha quedado sin ningún servicio médico.

—Gracias —le contesté. Estaba muy poco acostumbrado a un trato tan afable.

—Cuando se te pase el efecto de lo que hayas consumido, puede ser que te duela. Tengo dos pastillas que te las voy a dar porque seguro que las necesitarás —dijo sonriendo.

Avergonzado por primera vez en mi vida, volví a darle las gracias. Así me acerqué a aquel cura que nos había abierto las puertas de su parroquia en más de una ocasión. Me volvió a asegurar que allí siempre seríamos bien recibidos.

Me despedí de él lo más educadamente que supe y, desde la puerta de la parroquia, alzando la voz, me dijo:

—¡Espero verte otro día por aquí!

Me giré y le sonreí. Aquel hombre me acababa de descolocar.

CAPÍTULO 15

Pisando fuerte

Sin nada que hacer durante todo el día, el aburrimiento nos llevaba a hacer las mil y una locuras. Ramalazos que nos daban de golpe y porrazo y que nos llenaban de adrenalina.

Una mañana, el Moco y yo, para distraernos, se nos ocurrió robar un camión que iba lleno de botellas de leche. Al pasar por la avenida Santa Coloma, vimos cómo el conductor bajaba y entraba en una lechería. Oímos que el motor estaba encendido y así, de repente, nos miramos y los dos pensamos lo mismo. De un salto nos subimos al camión y el Moco se puso a conducir. Gritando como locos nos dirigimos hacia San Adrián, no sin antes escuchar a aquel pobre hombre que, desesperado, gritaba en mitad de la carretera.

Fue poco rato lo que nos divertimos con el camión. Cuando tomamos conciencia de nuestra última locura lo abandonamos en un descampado.

¿Y ahora había que volver andando? El Moco, que se había convertido en todo un especialista de la conducción, miró a su alrededor y rápidamente localizó un Seiscientos que estaba aparcado debajo de una higuera. No tardó en sacar de su bolsillo una llave de las que venían en las latas de foie-gras y, con gran destreza, abrió aquel impecable coche. Con gran rapidez hizo el puente y nos largamos de allí echando leches.

Volvimos al barrio y dejamos el coche robado en el descampado de la plaza del Reloj. Podríamos utilizarlo durante el resto del día.

Al cruzar la plaza nos encontramos con el cura del barrio. Se paró a saludarnos y, preocupado, nos preguntó cómo estábamos después de la movida de la cárcel. Aquel hombre me descoloca-ba. La mayoría de los vecinos del barrio nos rechazaba, pero él estaba emperrado en ayudarnos. Nos sentamos en un bordillo de la plaza y nos pusimos a hablar.

Aquella conversación removió mi conciencia. Me planteaba preguntas que yo no sabía responder. Hablaba de la vida, de la dignidad, del esfuerzo, de la sociedad, de los oprimidos, de los valientes, en general, nos planteaba una vida totalmente dife-rente a lo que estábamos acostumbrados. El Moco se cansó de escucharle y se largó. Yo me quedé allí, seguía atento a lo que decía y había algo en él que me cautivaba.

Se prestó a ayudarme, me aseguró que haría todo lo posible para que me contratasen en alguna empresa. Me habló de las segundas oportunidades y de enmendar los errores del pasado. Nadie está condenado a nada, me decía, somos libres de elegir nuestro destino.

Salí tan reconfortado de aquella conversación con el cura que, incluso, le aseguré que nos prestaríamos a que la revista Grama nos hiciese una entrevista. Era allí donde a menudo se hablaba de nosotros, pero esta vez seríamos nosotros los que hablaríamos.

Y así fue como en junio de 1973, entre risas y cachondeo, un grupo de nosotros quedamos con aquel joven periodista. Nos sentamos ante él y empezó a hacernos preguntas sobre nuestro comportamiento y nuestras costumbres. Probablemente, alguno de nosotros habló más de la cuenta y la publicación de aquella entrevista, a doble página, con fotografías incluidas, fue la co-midilla del barrio.

Mi padre se lo tomó muy mal y cargado de violencia, como era habitual en él, se dirigió hacia mí con la revista en la mano en cuanto puse un pie en la barraca. Yo no consentí que me volviera a poner la mano encima, así que el enfrentamiento fue monumental. Por nuestras bocas salieron sapos y culebras y para que la situación no fuera a más, acabé cogiendo mis cuatro cosas y me largué de la chabola. Estaba harto de vivir en aquella mierda de barraca. Me trasladé a nuestra guarida y allí me instalé.

Mi padre, que no iba a permitir mi osada oposición a su autoridad, apareció por la cabaña bien entrada la noche. Borracho como una cuba, con su correa en la mano, me llamaba a gritos. Los insultos acompañaban a mi nombre como si de apellidos se tratasen. El Tórtolo intentó hablar con él, pero fue imposible. Salí de la cabaña y le miré desafiante, él apenas se mantenía en pie. No sabía qué hacer. ¿Nos dábamos de hostias o me largaba de allí para no liarla más?

Todavía no sé cómo me pude contener, pero lo cierto fue que opté por no enfrentarme a él. Volví a coger mi hatillo de cosas y me fui del barrio. Necesitaba que los ánimos se calmasen.

Sin saber hacia dónde dirigirme, me acordé del Lolo, aquel colgado que vivía en el Castillo del Alemán.

Al llegar allí, me encontré con que el Lolo tenía compañía. Una docena de chavales se habían instalado cerca del castillo y vivían en una especie de campamento improvisado.

Pasé a formar parte de aquel heterogéneo grupo formado por pseudo-hippies, hippies, macarras y algún que otro huido de la justicia. Sobrevivíamos apropiándonos de lo ajeno y una vez atendidas nuestras necesidades básicas, el resto del día era disfrutar del colocón que tocase.

Una mañana de aquel tórrido verano, Rosita llegó alterada al campamento. Entre lágrimas me informó lo que acababa de ocurrir. Mi padre acababa de fallecer en un accidente en la obra donde trabajaba.

Digerir la noticia me costó lo suyo. Decenas de sentimientos encontrados florecieron desde mi interior. Rabia, dolor, pena, indiferencia, alivio… No sabía qué debía sentir; lo único que sabía era que ahora tocaba estar con mi madre y mis hermanos. Sobrecogido por la noticia, recogí todas mis cosas y abandoné definitivamente aquel campamento improvisado que teníamos montado en San Jerónimo.

Llegué al patio acompañado de Rosita. Al entrar, un incómodo silencio se expandió a la vez que los vecinos abrían un tenso pasillo que llegaba hasta mi barraca. Tiré mi hatillo en la puerta y entré. Mi madre lloraba desconsolada acompañada de la señora Carmen y de la Cordobesa. Al verme se levantó rápidamente y se tiró a mis brazos. Mis hermanos, de pie, detrás de mi madre, se mantenían inexpresivos.

—¡Andrés, Andrés, padre se ha ido! ¡Dios mío, se ha ido! —gritaba una y otra vez ahogada entre lágrimas.

Yo no era capaz de reaccionar.

CAPÍTULO 16

Almas que se van

Enterramos a mi padre un deslucido día de verano. Daba la sensación de que, incluso, las nubes habían cerrado filas evitando que su alma llegase al cielo.

Con una sencilla ceremonia, apoyados en todo momento por el cura del barrio que nos ayudó a agilizar todos los trámites del entierro, dimos nuestro último adiós a mi padre.

Empezaba una nueva etapa en nuestras vidas. Una etapa donde juré que ofrecería a mi madre, al precio que fuese, una vida digna. Dejar de vivir en aquella barraca sería una de las prioridades.

Desde hacía aproximadamente un año, mi madre y la Cordobesa trabajaban en la fábrica textil de Casadesport situada en la Rambla San Sebastián, a dos pasos de casa. Ese nuevo trabajo les había proporcionado una mínima seguridad laboral y un alivio al no tener que trasladarse cada día a Barcelona y perder un montón de tiempo en el trayecto.

Por otro lado, el constructor para quien trabajaba mi padre se desentendió de la indemnización por el accidente que había sufrido. Escudándose en que Manuel Pulido era un alcohólico que, un día sí y otro también, trabajaba bajo los efectos del alcohol, no era responsabilidad de la empresa lo que le había ocurrido. Para evitar que nosotros diésemos un paso más allá, ofreció a mi madre, de buena voluntad, el salario de dos meses, cerrando así un problema que podía convertirse en un problemón si alguien se ponía a investigar las condiciones en que trabajaban sus asalariados.

Con esa insignificante indemnización, la venta de la barraca y el poco dinero que tenía ahorrado mi madre, nos pusimos a buscar un piso de alquiler.

Mi madre se quería ir del barrio, pero los precios, según te acercabas al centro de la ciudad, se disparaban. Así que para irnos a otro barrio parecido al del Fondo, decidimos quedarnos allí. En la calle Bruch número 37 encontramos nuestro nuevo hogar.

A mediados de agosto nos trasladamos a aquel pequeño piso con los cuatro trastos que teníamos en la barraca.

Yo me entregué en cuerpo y alma a encontrar un trabajo digno que ofreciese a mi madre la ayuda que necesitaba, pero no fue nada fácil. Cansado de buscar y buscar, acabé acercándome a la parroquia de San Juan Bautista y pedí ayuda al párroco.

Aquel hombre removió Roma con Santiago para ofrecerme un puesto de trabajo. Mis antecedentes policiales no ayudaban a convertirme en un posible candidato a una oferta de trabajo, pero, finalmente, consiguió que me contratase la fábrica de papel "Miquel Costa i Miquel". Parecía que nuestra vida empezaba a tomar un ritmo diferente.

En septiembre llegaron las fiestas de Santa Coloma. Aquel año cambié mi compañía. Después de mucho insistir, convencí a mi madre para llevarla por primera vez a la feria que se celebraba en el Paseo de la Alameda. Ella, que seguía enlutada por la muerte de mi padre, veía un despropósito asistir a los festejos, pero entre la Cordobesa y yo la convencimos. La Rosita y yo agarrados de la mano, junto a toda nuestra familia, salimos a disfrutar, por primera vez en la vida, de las fiestas de nuestra ciudad. Nos paseamos por el recinto ferial, saludamos al Chalecos que seguía trabajando en los autos de choque, disfrutamos con nuestros hermanos de las diferentes atracciones de la feria y acabamos tomándonos una cerveza y una morcilla malagueña en un chiringuito que estaba a rebosar.

Otro duro golpe faltaba por encajar.

La noticia llegó a primera hora de la mañana. El sonido insistente del timbre hizo que me levantase de la cama. Desorientado miré la hora en el despertador, apenas eran las siete. Me dirigí a la puerta justo en el momento en que mi madre salía de su habitación. Abrí la puerta y me encontré con la cara desencajada del Tórtolo que, sin mediar palabra, entró rápidamente hacia el comedor.

—¿Qué pasa, Tórtolo? ¿Te has metido en algún follón? —le pregunté pensando que huía de alguna situación comprometida.

—¡No puede ser, Flauta! ¡No puede ser! —gritó dando un fuerte puñetazo en la mesa camilla. Acto seguido se derrumbó en un fuerte llanto.

—¿Qué ha pasado? —volví a preguntar—. ¡Habla de una vez!

—El Chalecos, Flauta, el Chalecos ha fallecido esta madrugada... —gemía entre lágrimas.

—¿Cómo? ¿Qué ha fallecido? —pregunté atónito—. Pero si anoche estuve con él en la feria... ¿Qué ha pasado? —Todo mi cuerpo temblaba, no podía aceptar que el Chalecos estuviese muerto.

Mi madre intentó tranquilizarnos y nos ofreció una tila. El Tórtolo necesitaba algo más fuerte, optó por tomar una copa de coñac y yo le acompañé.

—Esta madrugada, desmontando la puta atracción de los autos de choques, se han desprendido unas placas del techo y le ha pillado debajo. Joder, tío, no han podido hacer nada por él. ¡Las putas placas le han destrozado la cabeza! —sin parar de llorar, se resistía a aceptar aquella amarga noticia—. Angelita ha venido a mi casa hace apenas una hora y me ha explicado el accidente. Joder, mi chorva y sus viejos están destrozados. Ella se ha ido con sus padres a la Residencia y yo no sabía qué hacer... He dado una vuelta por el barrio, pero al final he decidido venir a tu casa y explicarte lo que ha pasado.

Nos abrazamos como dos niños y juntos digerimos aquella dura realidad, la que nunca nos planteábamos vivir porque nosotros éramos jóvenes y teníamos toda la vida por delante. Vivíamos con el engaño de que nuestra juventud nos dejaba exentos de ser visitados por la muerte, pero en este caso la teníamos delante.

A toda la banda le costó asimilar la muerte del Chalecos. Los Correas, como una gran familia, lo acompañamos velándolo en la capilla de la Residencia. Los recuerdos de aquellos momentos me duelen en el alma. El Chalecos, aquel gran amigo que conocí en el patio de barracas y con el que corrí tantas andanzas, se había ido para siempre. Aquella muerte sí que me dolió. Una muerte que me caló hasta lo más profundo de mi ser.

Siempre he tenido presente a mi compadre.

CAPÍTULO 17

Una noticia inesperada

Parecía que, poco a poco, mi vida se iba enderezando. Desde mediados de agosto trabajaba en la fábrica de papel. En un principio, empecé de mozo de almacén, pero a principios de octubre me pasaron a la planta de fabricación. Allí coincidí con el Pollo, un chaval de las casas baratas al que conocía de algunas aventuras y con Benito, el encargado de la planta, vecino de mi barrio y con el que habíamos tenido más de un enfrentamiento. En cuanto me vio allí, vino a ponerme las cosas muy claras.

—Mucho cuidadito con lo que haces aquí —me dijo en voz baja, pero firme—. Voy a estar muy pendiente de ti y como te pases un pelo te vas a la puta calle. ¿Te ha quedado claro? —Y con una sonrisa sarcástica, se despidió de mí para continuar su ruta por la planta.

—Es un hijo de puta, se piensa que es el amo de la fábrica. A mí me tiene entre ceja y ceja y está todo el día detrás mío esperando a que haga algo mal para echarme la bronca. La semana pasada me tuvo dos putos días montando paquetes de papel de fumar a mano porque decía que yo los había marrado… ¡Cabronazo! —comentó entre dientes el Pollo.

Cuando salíamos de la fábrica, empecé a irme con el Pollo a su barrio. Era allí, en compañía de mi colega, donde todos los días hacía tiempo, tomándome unas cervezas y fumándome unos canutos, antes de ir a buscar a la Rosita a la fábrica de confección Eurostil donde había empezado a trabajar hacía unas semanas. Los dos volvíamos al barrio y nos juntábamos con la peña en los futbolines o en la plaza del Reloj.

Los sábados por la tarde y los domingos seguíamos saliendo de fiesta con los amigos. Habíamos empezado a frecuentar nuevos sitios fuera de Santa Coloma. El infernillo rojo de La Guineueta y el Zafiro de Sants, eran de los preferidos.

Nuestras andanzas por Santa Coloma continuaban dándonos nuestra merecida fama. Los robos en tiendas de ropa, colmados, bodegas, estancos... seguían siendo nuestros entretenimientos. En aquella época, algunos del grupo, la habían tomado con el Centro Social del Arrabal. En varias ocasiones destrozaron la biblioteca del centro, llevándose, entre otras cosas, los radiocasetes que encontraban.

Esos episodios llevaron al cura del Fondo y a una comisión de los Centros Sociales a dialogar con nosotros en el Casal de la Cultura de la calle Banús Alta. Con gran cautela, acabamos clarificando posturas y llegando al acuerdo del respeto mutuo. La delegación de los Centros Sociales insistía en su deseo de aceptarnos como unos vecinos más. Nosotros, por nuestra parte, aceptamos el reto y nos comprometimos a una futura pacificación, reconociendo que nuestro comportamiento no había sido el adecuado, excediéndonos en muchas ocasiones. Ese día enterramos el hacha de guerra y marcó un precedente en el paulatino abandono de las agresiones a los Centros Sociales.

Dentro del esfuerzo que reconozco que hicieron los Centros, incluso intentaron enseñar a leer y escribir al Tórtolo quien empezó a asistir a las clases de alfabetización del Centro, aunque, incapaz de mantener una constancia en el estudio, acabó abandonándolo al poco tiempo.

Una mañana de domingo, a pocos días de Navidad, el Tórtolo, la Angelita, la Rosita y yo, nos fuimos a pasar el día a Barcelona. Después de dar un paseo por las Ramblas, nos dirigimos a la Barceloneta con la intención de comprarnos una cámara de fotografiar en alguna de las tiendas de electrónica que había por la zona. Finalmente, el Tórtolo se hizo con una cámara que llevaba incluso el carrete incorporado. Algunas de las fotos que nos hicimos aquel día han decorado durante años mi pared...

Como el coste de la cámara había sido de cero pesetas, decidimos tomarnos unos bocadillos de chorizo y unas botellas de champán en una de las muchas tascas que ambientaban aquel barrio. A mi chica no le sentó muy bien el refrigerio y se pasó el resto de la tarde mareada y vomitando. Decidimos volver a casa.

Los días iban pasando y mi morenaza no se acababa de entonar. El último día del año trajo consigo el diagnóstico... Rosita estaba embarazada.

La noticia se coló con fuerza en nuestras vidas. Quizá éramos muy jóvenes para afrontar lo que venía de frente, pero la ayuda incondicional que ofrecieron nuestras madres nos hizo dar ese salto a la madurez... O al menos eso pensábamos. Nos planteamos dejar de lado esa vida díscola que llevábamos y sentar de una vez por todas la cabeza.

Mi madre y la Cordobesa se encargaron prácticamente de todo y en apenas un mes habían organizado la boda.

El domingo 2 de febrero de 1975, en la parroquia San Juan Bautista, ante el cura que, en tantas ocasiones me tendió su mano, nos dimos el sí quiero.

Rosita, luciendo un sencillo vestido blanco con un velo tejido por su madre, y yo, vestido con aquel traje gris que mi madre se había emperrado en que me quedaba de maravilla, salimos de la iglesia del brazo. En la puerta nos esperaban los familiares, amigos y vecinos que, entre vítores de alegría, nos lanzaron puñados y puñados de arroz.

Hicimos un humilde combite en el restaurante Daca de la avenida Santa Coloma. Después de comernos aquellos entremeses y la carne en salsa, partimos con una larga espada nuestra tarta de boda. La tarde la pasamos bailando, tocando palmas y bebiendo cubatas.

Nuestro viaje de novios solo dio para pasar un par de días en Calella. A la vuelta nos tocó organizar nuestra nueva vida.

La Cordobesa, que con gran esfuerzo había conseguido alquilar un pequeño sótano en la calle Banús Alta, acordó con mi madre que hasta el nacimiento del niño lo mejor sería que viviésemos en la calle Bruch y luego ya miraríamos un piso para nosotros.

Empezó nuestra vida en común en casa de mi madre que, con gran ilusión, nos cedió su habitación, acodiciándola lo más decentemente que pudo.

La Rosita encaró los primeros meses de embarazo entre la cama y el lavabo. Incapaz de retener nada en su interior, se pasaba el día vomitando. Su trabajo fue lo primero que se esfumó.

CAPÍTULO 18

El camino de la izquierda

Los meses de embarazo se llevaron por delante los buenos momentos que pasaba con mi morena. Rosita no estaba para tonterías y apenas salía de casa.

Yo continué con mi trabajo y con la amistad que, día a día, iba creciendo con el Pollo. A las tardes bebiendo cervezas y fumando chocolate en las casas baratas, incorporamos el consumo de chinos, aquellos mixtos de coca y caballo que nos dejaban fuera de juego. El Moco, poco a poco, se fue arrimando a nosotros.

Una tarde de verano, después de salir de trabajar, el Pollo, el Moco y yo nos fuimos al barrio de la Mina. El primo del Pollo trapicheaba con caballo en aquel barrio y pensábamos pillarle un poco para colocarnos. Al llegar a su casa, estaba en compañía de tres amigos que habían llegado para lo mismo. Ellos no tardaron en meterse un pico por la vena. Nosotros los imitamos.

Aquel primer viaje me dejó anulado durante horas. Sentí una oleada de euforia que vino acompañada de una intensa sequedad de boca y una pesadez en mis brazos y piernas que no me permitían moverme. Aunque luego aparecieron los vómitos, aquella sensación de somnolencia que nubló mi mente, me proporcionó el mayor placer que hasta ahora había sentido. A partir de aquel momento, la aguja se convirtió en nuestra compañera…

Cuando conseguí salir de aquel viaje, ya entrada la madrugada, regresé con el Moco al barrio. Al llegar a casa, me encontré a una Rosita que echaba humo y a una madre preocupada porque pensaba que me había pasado algo y que, en cuanto me vio, incrementó su desazón por la rojez que presentaba todo mi cuerpo. Yo no atiné a dar ninguna explicación y entre gritos de la morena y los polvos talco de mi madre, decidí irme a la cama a intentar dormir algo. En un par de horas debía de levantarme para ir a trabajar.

Poco a poco, aquella situación empezó a darse con bastante asiduidad. Raro era la tarde que después de trabajar no nos metíamos un pico. Y en ese estado me encontraba el día en que Rosita se puso de parto. Fue el Tórtolo el que vino a buscarme a las casas baratas para decirme que mi morenaza estaba dando a luz en el recién estrenado ambulatorio de Santa Coloma.

Tuve que hacer un sobreesfuerzo para poderme mover de aquel sofá donde estaba tirado. Con el runrún del Tórtolo machacándome en la oreja, conseguí salir de allí agarrándome fuertemente a mi compadre.

Cuando llegamos al ambulatorio, mi madre estaba en la puerta. Al verme llegar, solo atinó a mirarme y negando con la cabeza sus ojos se anegaron de lágrimas. Lentamente se acercó a mí y mirándome fijamente a los ojos, me dijo:

—Andrés, no sé qué es lo que estás haciendo, pero lo único que sí sé es que no vas por buen camino. Ni se te ocurra entrar en el ambulatorio como vas. Ya le diré yo a la Cordobesa que todavía no te hemos encontrado. Ve a casa y, cuando estés más presentable, vuelves.

Nunca olvidaré aquella mirada de mi madre que dejó al desnudo todas mis debilidades y mi propia dignidad. Quizá fue el momento de abandonar aquel camino de la izquierda que había empezado a recorrer y volver al de la derecha. Quizá lo habría sido…

A las doce de la noche volví al ambulatorio. Con una presencia más adecentada, me enfrenté a mi madre y a la Cordobesa que, impacientes por saber algo de la Rosita, esperaban en una pequeña sala. Mi morena llevaba más de nueve horas de parto.

Sentado al lado de ellas, sin saber qué decir, mi suegra me recriminó a las horas que acudía estando su hija pariendo, mi madre no despegó sus labios, y así, entre directas e indirectas de la Cordobesa, pasamos algunas horas más. Cerca de las tres de la madrugada, una enfermera vino a comunicarnos que Rosita había dado a luz a un precioso niño y que, aunque el parto había sido muy largo y la madre estaba muy cansada, todo había ido bien. Nos dio la enhorabuena y nos indicó a qué habitación debíamos dirigirnos, en breve subirían a los dos.

Nerviosos subimos a la habitación anunciada, parecía que los desplantes habían acabado e ilusionados esperamos la llegada de mi mujer y de mi hijo.

Cuando vi aparecer aquella camilla con Rosita arrullando en sus brazos a nuestro pequeño hijo, una sensación de felicidad me inundó. Salí corriendo a su encuentro y sin dejar llegar al camillero a la puerta de la habitación, me lancé a los brazos de mi morena y con gran ternura acaricié a aquel pedazo de mi ser. Entre lágrimas de emoción, como si fuese un niño pequeño, le recordé lo mucho que la quería. Ella me ofreció una sonrisa adrezada de cansancio. Había sido un día largo y doloroso.

Las abuelas, llenas de ilusión, acunaban en sus brazos a aquel pequeñín que apenas había pesado tres kilos.

—¿Ya habéis pensado en el nombre? —preguntó la Cordobesa.

—Se llamará Andrés —dije, cogiéndole torpemente de brazos de mi madre—. Llevará con orgullo el nombre de su padre y de mi abuelo. ¿Verdad que sí, Andresito? —le pregunté como si me fuera a contestar.

De golpe y porrazo, Andresito se embarcó en una buena barraquera que solo calmó el pecho de su madre.

De pie, alrededor de ellos, embobados, observamos aquella maternal estampa.

CAPÍTULO 19

Realidades dolorosas

El 12 de julio, con todo preparado, llegó Rosita con Andresito a casa. Con ayuda del Tórtolo, había montado una cuna en nuestra habitación y la Cordobesa había traído la canastilla del pequeño que con gran esmero había colocado en un cajón de la cómoda. Empezaba una nueva vida para todos, llena de buenos propósitos.

Rosita no tardó en ser la de antes. Con ganas de recuperar los meses de enclaustramiento que había pasado en casa por el embarazo, se empicó a venir a buscarme a la salida del trabajo. A raíz del nacimiento de Andresito, había conocido a la Encarna, la mujer del Pollo, que también tenía una niña de apenas unos meses. Habían hecho muy buenas migas, así que todas las tardes quedaban en Barón de Viver y juntas esperaban nuestra llegada.

Ese sí que fue un gran error... Ellas, a las que también les iba tomar cervezas y fumarse algún que otro porro, quisieron probar ese espléndido viaje que nos pegaba el caballo. Empezaron fumando algún que otro chino, pero no tardaron en probarlo por la vena.

Ahí empezó nuestra gran perdición. En pocos meses, no nos conformábamos con un pico de vez en cuando, sino que se había convertido en una necesidad diaria. Nada más abrir los ojos por la mañana, era lo primero en lo que pensábamos.

El caballo se llevó por delante todos nuestros planes. Lo primero que perdí fue el trabajo. Era imposible cumplir con mis responsabilidades en la fábrica porque si no iba colocado, iba con el mono. A principios de 1976, después de la importante huelga de la empresa de confección Casadesport donde perdieron el trabajo mi madre y la Cordobesa, yo recibí mi carta de despido. Había nueve bocas que alimentar, dos pisos que pagar y un vicio que me estaba llevando a la ruina. Empecé a plantearme cómo podría resolver el tema y solo encontré una solución. No permitiría que en mi casa se pasasen más penurias, aunque fuese robando, a ellos no les faltaría de nada.

Todos aquellos pequeños hurtos que habíamos hecho hasta ese momento se convertirían en minucias en comparación con lo que estaba por venir.

El primer gran palo que dimos fue en la gasolinera del puente de Santa Coloma. Después de unos cuantos días vigilando los movimientos y horarios de los empleados de la estación de servicio, una noche, cuando estaban a punto de cerrar, nos presentamos el Pollo, el Moco y yo, con una media tapándonos la cara. Después de amenazarlos con una cacharra que había conseguido el Pollo, nos llevamos toda la recaudación del día. Huimos a toda hostia de la gasolinera en un coche que había robado el Moco esa misma tarde. Al entrar en Santa Coloma, lo abandonamos al final del Paseo de la Alameda y cruzamos el río por la pasarela en dirección a Barón de Viver.

Celebramos la hazaña con un pico después de repartirnos el botín. Pensábamos que sería suficiente para ir tirando un par de meses, pero el dinero fácil se gasta muy rápido y en pocas semanas estábamos de nuevo sin blanca.

Pensando en un nuevo objetivo, el Moco propuso robar en un bloque de pisos del centro de Santa Coloma donde vivían los adinerados. Aprovechando que era Semana Santa, la mayoría de los pisos estaban vacíos, así que nos dirigimos hacia allí cargados con nuestras herramientas que abrían las puertas en un periquete.

Fue pan comido acceder a ellos y después de reventar cuatro pisos, con la bolsa llena de joyas y dinero, nos disponíamos a abandonar el edificio cuando al salir descubrimos que nos esperaba la policía. Salimos corriendo como alma que huye del diablo. El hecho de que solo había dos agentes nos dio la posibilidad de que cada uno corriese en una dirección. Solo pillaron al Pollo y gran parte del botín.

Esa vez nos habíamos pasado, la noticia tuvo gran eco e incluso salió publicada en La Vanguardia, donde se atribuía el robo a la banda de Los Correas y explicaban que uno de los pisos robados pertenecía al propio alcalde de la ciudad.

El Pollo se comió un buen marrón, pero no nos delató. Tuvimos a la policía rondando por el barrio y haciendo muchas preguntas de las que nunca obtuvieron respuestas.

Cuando se calmó el asunto, con el Pollo en la Modelo, decidimos actuar fuera de Santa Coloma. Acompañados por la Rosita y la Encarna, empezamos a robar en peleterías, joyerías e incluso nos atrevimos con una Caja de Ahorros del barrio de la Sagrera.

Empezamos a manejar mucho dinero y a trapichear con todo tipo de objetos robados. Pegábamos un palo y nos pasábamos unos cuantos días colocados hasta las cejas.

Mi madre y la Cordobesa, que no habían nacido ayer, nos intentaron reconducir por activa y por pasiva. Qué razón tenían cuando nos decían que el camino que llevábamos no iba a ninguna parte…

Ese verano, el Moco y yo decidimos robar en una joyería de San Andrés. Con un Seat 124 recién sustraído en el barrio de la Verneda, nos dirigimos hacia la joyería. Pero aquel hombre, incluso amenazado con una pistola a dos palmos de su cabeza, se resistió y defendió su negocio a capa y espada. Aquella firmeza nos retrasó el atraco y desde la calle los transeúntes vieron lo que estaba pasando. El Moco se puso nervioso y acabó lanzando un tiro que le alcanzó en el brazo al joyero. Rápidamente cogimos cuatro cosas del mostrador y salimos corriendo. Ya era tarde, las sirenas de la policía estaban cerca y aunque fuimos rápidos montándonos en el coche y huyendo, no tardamos en verlos detrás nuestro.

La persecución fue de película, pero al llegar al puente del Trabajo todo acabó. Al Moco se le fue el coche en un arriesgado adelantamiento y sin posibilidades de poderlo controlar, nos estrellamos de frente contra un camión que venía en dirección contraria.

El Moco falleció en el acto y yo salí disparado del vehículo. Después de pasar unos días ingresado en el hospital Clínico, ingresé en la cárcel Modelo.

CAPÍTULO 20

Un camino sin retorno

Los primeros días en prisión fueron muy jodidos, sin poderme quitar de la cabeza a mi compadre, el Moco, me apoyé en el Pollo para tirar hacia delante. Sabía que esta vez la había pringado bien y que me iba a pasar a la sombra una buena temporada.

En un principio, tuve la intención de aprovechar la estancia en la cárcel para salir de la mierda en que estaba metido, nada más lejos de la realidad que se vivía allí dentro. La droga corría como la pólvora por las galerías del talego. Si no caía del cielo a través del muro del patio, entraba en prisión en algún vis a vis o siempre quedaba aquel carcelero que se sacaba un extra proporcionándonos lo que queríamos. El Pollo estaba bien surtido tanto por su primo de la Mina, con grandes contactos dentro de la cárcel, como con los encuentros mensuales que tenía con su mujer.

Mi madre hizo lo posible por pagarme un abogado. Entrampada hasta las cejas, consiguió un letrado con la ayuda de mis abuelos. De poco me sirvió… La sentencia fue arrolladora: diez años de prisión.

Recuerdo el día que pisé por última vez la calle cuando volvía de los juzgados. Aquel viaje en el furgón de la policía removió mis entrañas. Ver a la gente por la calle, con la normalidad de su día a día, me hundió en la miseria. Recuerdo sobre todo a una joven pareja parada en un semáforo. Aquella estampa, donde un joven padre con su niño en brazos abrazaba a su mujer entre risas y carantoñas, me dolió en lo más profundo de mi ser. Me recordó lo que podría haber sido mi vida…

La Rosita me visitaba con la asiduidad que le permitían. Nunca quise que viniese con Andresito, me conformaba con alguna que otra fotografía que me traía y que me permitía ver cómo iba creciendo. La secuencia de su vida también está colgada en mi pared. Las caricias y los besos que nunca le pude dar en persona están impresos en aquel deteriorado y descolorido papel donde mis ojos se han posado durante horas y horas a lo largo de estos años.

Mi morenaza se fue apagando como una vela. Incapaz de salir de la mierda donde la metí, cabalgó al lado de la Encarna dejándose llevar a la ruina total.

El Tórtolo y la Angelita supieron guiar su vida mucho mejor que nosotros. Acabaron casándose y fueron padres de dos hijos. El Tórtolo se convirtió en un buen mecánico y su mujer trabajaba de carnicera en el mercado del Fondo. Nunca nos abandonaron e, incluso, hicieron lo imposible por recuperar a mi Rosita. La llevaron a diferentes médicos, intentaron desengancharla con variadas terapias que empezaban a ponerse de moda entre las personas enganchadas a la heroína, pero todo intento fracasaba, el caballo blanco tiraba con fuerza de ella.

Nos habíamos convertido en unos yonquis y ya nada nos salvaría.

Llegado los ochenta, recibimos un nuevo mazazo. Sin ser todavía conscientes del terrible significado que tenía aquella palabra que empezaba a oírse en algunos ambientes, nos llegó la hora a nosotros.

Primero fue la Rosita. Después de un constipado que no se acababa de curar y que cada vez iba a peor, la Cordobesa la llevó una noche que se ahogaba a urgencias donde la diagnosticaron una neumonía. En las pruebas que la hicieron en el hospital recibió la mala noticia. Rosita tenía el sida.

Evidentemente, yo también estaba contagiado.

Empezamos a deteriorarnos rápidamente. La pérdida de peso vino acompañada de fuertes dolores musculares, una fatiga constante, bultos en el cuello y una retahíla de constantes síntomas que nos fueron afectando físicamente y apagando nuestras emociones.

No sé, o nunca quise saber, cómo acabó buscándose la vida mi morena para hacer frente a su dependencia. Tampoco sé si lo que me explicaron era la verdad. Lo cierto fue que el primer sábado de mayo, el día anterior al día de la madre, recibí la terrible noticia. A mi Rosita la habían encontrado de madrugada muerta, con una aguja pinchada en el brazo, en el lavabo de un bar de las Ramblas. No pude seguir oyendo. Un alarido quebró mi voz y mi corazón recibió una herida de muerte. Mi morena se había ido.

El domingo, mientras miles de familias se reunían para celebrar el día de la madre, yo llegué esposado al cementerio de Santa Coloma para asistir a su entierro. Cuando entré en aquella sala que acogía a mi Rosita, encontré a la Cordobesa y a mi madre hundidas en un mar de lágrimas. Fue el peor momento de mi vida. Roto de dolor, me uní a ellas en un ahogado llanto y entre amargos sollozos le dediqué aquellas palabras que habían quedado por decir.

Acompañados de nuestros familiares, entre ellos mis dos hermanos que apoyan incondicionalmente a mi madre como no lo supe hacer yo y que nunca siguieron mis pasos, con la presencia de nuestras amistades del barrio, que en su día supieron retomar su camino, y sin que mi madre me soltase del brazo, dimos nuestro último adiós a mi querida y amada Rosita.

A partir de ese momento todo fue en caída libre. Sin ninguna posibilidad de recuperar mi vida, me resigné a que llegase mi momento...

CAPÍTULO 21

El final

Entreabro los ojos y miro hacia la ventana. La negrura de la noche ha dado paso al amanecer. Empieza un nuevo día, probablemente, el último para mí. Sé que la muerte me acecha, que, poco a poco, se acerca e invade mi ajado cuerpo.

He destinado toda la noche a recordar lo que ha sido mi vida y ahora solo quiero que todo acabe, ya no tengo fuerza ni para moverme. Tuve la oportunidad de abandonar la prisión para morir en casa con los míos, pero me negué. No quiero que me vean en el estado en que me encuentro, apenas peso cincuenta kilos. El caballo quemó mis venas, el sida se cebó con mi cuerpo y yo mismo vendí mi alma al diablo. Ahora solo quiero abandonar mi cuerpo y volar. Volar alto hasta encontrarme con mi Rosita porque estoy seguro de que, en algún lugar, nos volveremos a encontrar.

Aquí dejamos nuestra semilla, Andresito. Me inunda de paz saber que está en buenas manos. No tengo la menor duda de que mi madre y la Cordobesa lo cuidarán con todo el amor del mundo. Solo les pedí que hicieran lo posible para que ese niño creciera feliz y que, cuando le hablasen de sus padres, lo hiciesen recordando a aquel Andrés que todas las mañanas madrugaba para ir a por agua a la fuente y a aquella Rosita que con gran esmero cuidaba a sus hermanas mientras su madre se sometía a aquellas maratonianas jornadas de trabajo.

Ahora solo queda esperar…

Andrés Pulido Álvarez, alias el Flauta.

A las 8.35 de la mañana, del 20 de octubre de 1983, el preso Andrés Pulido Álvarez fue encontrado sin vida en la celda 32 del módulo 3 de la cárcel Modelo de Barcelona.

Sus restos mortales serán trasladados al cementerio de Santa Coloma de Gramenet donde recibirá cristiana sepultura el 22 de octubre a las 10h.

AGRADECIMIENTOS

Sumergirme en los años setenta de Santa Coloma ha sido una experiencia emocionante que ha llenado de vida aquellos difusos recuerdos que revolotean como gorriones en mi memoria. Hilar la vida de Andrés Pulido Álvarez, alias el Flauta, me ha permitido hilvanar, como si se tratase de un manto de patchwork, aquellos convulsos años donde las reivindicaciones sociales y políticas convivían con la inseguridad y la violencia y que, todos ellos, juntos, dotaron de esa peculiar imagen que durante décadas nos ha acompañado a todos los ciudadanos y ciudadanas de Santa Coloma.

Como poder agradecer esos cafés mañaneros que compartí con M.F, G.C, T.C y J.J, miembros de la banda de los Correas que ahora, después de que el paso del tiempo haya llevado a cada uno de ellos a su propio puerto, recordaban emocionados una infancia y una juventud no exentas de hostilidades a las que hicieron frente bajo la fuerza de aquella banda que llegó a traspasar los límites de nuestra ciudad. Mil gracias por la confianza que depositasteis en mí.

Agradecer también a Diego Arroyo y a Chema Corral esos otros cafés adrezados de aquellos difíciles momentos, políticos y sociales, que vivió Santa Coloma y que se convirtieron en un ejemplo a seguir.

Gracias también a todas aquellas personas que han colaborado con su granito de arena, confiándome sus recuerdos y sus vivencias.

Muestro mi más sincera gratitud a todos vosotros que habéis conseguido enternecerme, hasta lo más profundo de mi corazón, mientras cosía este relato lleno de *Vidas truncadas*.

CHELO ARROYO BOTE

PRÓLOGO

SIN PACIENCIA, PERO CON DIÁLOGO SOCIAL

Ellos llegaban a los Centros Sociales irrumpiendo inesperadamente. Nosotros intentábamos pararlos. Arrollaban a los que se les ponían por delante y rompían lo que les venía en gana. Entonces, con nuestra voluntad y buenas maneras queríamos parlamentar. Al principio huíamos de enfrentamientos. Los observábamos con incredulidad. Con nuestros pensamientos humanistas pronto quisimos concienciarlos de sus malas conductas. Pero ¿qué les podíamos decir? ¿Qué argumentos podíamos esgrimir ante unos jóvenes cuyo status de vida sólo conocía la violencia y creerse los amos de la calle?

Los primeros años de la década pasada de los setenta fueron duros. Pero lo fueron para unos y para otros. Las nuevas familias inmigrantes necesitaban acomodarse y lo hacían en unas lamentables condiciones de habitabilidad que, en muchos casos, sólo podían llevar a una desestructuración social de muchos de sus integrantes. Viviendas, si así podía catalogarse, que fueron conformando barrios obreros carentes de los equipamientos más elementales a la población. Y sus calles sin urbanizar constituían el principal lugar de convivencia para niños y jóvenes en edad de pre-adolescencia.

Con la perspectiva histórica que nos da el paso del tiempo, en el desarraigo social de estos jóvenes, tampoco estaría de más recordar que los que gestionaban la sociedad del momento nada ofrecían a una juventud carente de formación cultural o de ideales. Y los déficits en equipamientos de todo tipo, especialmente, educacionales, eran el caldo de cultivo que ayudaba a la proliferación de estas bandas. Jóvenes que formaban parte de las familias de la inmigración, muchas desestructuradas e inmersas en una situación socio-económica que sólo con el paso de los años la irían mejorando.

Naturalmente que no toda esa juventud fue arrastrada a las formas de vida que ofrecían los grupos violentos. Buena prueba de ello lo vemos en la dinámica de los propios Centros afines a las parroquias, donde se les ofrecían actividades y participación en su vida social.

Pero más allá de sus comportamientos, llamémosles antisociales, su conducta deberíamos relacionarla con la sociedad del momento; una época que vivía un fortísimo alojo migratorio, precisamente en esos municipios barceloneses que sobresalían por el abandono general a que los tenían sometidos las autoridades representantes del Régimen imperante en el Estado.

Fue durante el trienio 1972-1974 cuando proliferaron estos grupos de jóvenes, en ocasiones, relacionados con otros grupos que andaban por los mismos territorios, pero sin estructura organizativa alguna; era como si salieran de sus domicilios y cada uno campara a sus anchas, con un modo de vivir que sólo buscaba las emociones que ofrecían sus fechorías. Nada, ni nadie de los poderes públicos, se interesaban por ellos. A no ser por las intervenciones policiales ante las propias llamadas de auxilio de personas del vecindario.

El fenómeno de los grupos de jóvenes constituidos en bandas, con esa escasa estructura organizativa, que recorrían el Barcelonés Nord, particularmente los sufrimos en las barriadas colomenses de Fondo y Santa Rosa. En Badalona y San Adrià tampoco se libraron de sus andanzas. Fueron particularmente sonadas su llegada a los Centros parroquiales de Santa Coloma, por aquél entonces, bien implicados en una labor social y de compromiso político ante las numerosas carencias de sus vecinos. Y fue la banda, llamada de los Correas, la que destacaba por su agresividad y actitud chulesca frente al diálogo y buenas maneras de la gente participante en esas labores sociales. Hubo, y se reiteraron, trifulcas en el Fondo, con la intervención de la policía; en esta barriada obrera destacó el párroco por sus intentos de apaciguar los ánimos.

Fue por la Plaza del Reloj donde un grupo de vecinos, conocido por los sevillanos, opuso resistencia ante la agresividad de los jóvenes violentos que mostraban cadenas y correas con remaches punzantes. Altercados también los hubo en el de Santa Rosa, donde incluso un vecino, activista de izquierdas, se defendió esgrimiendo un martillo y propinándole un golpe a uno de los alborotadores quedando aturdido y dando un buen susto a los propios miembros del Centro; el resto de los agresores huyeron despavoridos. Con especial virulencia se reiteraron en el local parroquial de Can Mariné, lugar de encuentros y reuniones de unos ilusionados jóvenes que se sentían impotentes para detener sus agresiones. Precisamente los asustadizos chavales pidieron ayuda al resto de vecinos organizados en los demás Centros, quienes acudían a hacer piña contra los alborotadores.

Dados tan graves acontecimientos, en Santa Rosa hasta se llegó a proponerles que se integraran en su grupo de acción juvenil, en el contexto de un diálogo que siempre estuvo presente. Y fue precisamente el miembro del grupo apodado "El Chino", uno de los más destacados por sus bravuconerías, quien más mostraba disponibilidad a escuchar lo ofrecido, aunque nunca se llegó a concretar. Todo lo contrario a lo que hacían las autoridades, ya fueran desde las administraciones, como desde la policía, quienes sólo pedían mano dura, siempre bajo los argumentos que causaban una alarma social, y ser tratados como delincuentes.

Las personas que vivimos muchos de aquéllos hechos ante los jóvenes integrantes de los Correas, siempre creímos que sólo la paciencia y el diálogo, sostenido en el tiempo, podría hacerles ver que no formábamos parte de sus enemigos. Lo mismo que mejorando las condiciones de habitabilidad, y los servicios a la comunidad, podría ir ayudando a su desintegración y normalización en la sociedad.

Agosto, 2024

MARCELO LÓPEZ RÓDENAS

VIDAS TRUNCADAS

CONTEXTO SOCIAL

Diego Arroyo Bote

Introducción

En la historia de Santa Coloma, la década de los sesenta se caracterizó por la continua llegada de familias de diferentes lugares del estado español, principalmente de Andalucía y Extremadura. La década de los setenta se caracterizaría por ser años de luchas por la dignidad y la libertad con grandes movilizaciones sociales. Luchas donde miles de vecinos/as salieron a la calle para exigir una clínica-ambulatorio, transporte, acceso a la educación, iluminación, asfaltado de las calles, semáforos, el terreno de Can Zam... Huelgas que tuvieron un gran apoyo popular a nivel local como las de las empresas textiles Casadesport y Eurostil y, cómo no, la lucha de resistencia contra el franquismo y a favor de las libertades políticas, por la amnistía y la democracia.

Paralelamente a estas movilizaciones sociales, existió un grupo de jóvenes, sobre todo del Fondo, Santa Rosa y Badalona, que se dieron a conocer como la banda de "los Correas" y que, desde 1971 a 1974, crearon un clima de inseguridad con constantes peleas, agresiones y pequeños hurtos en una ciudad que, en apenas una década, había cambiado su estructura pasando de pueblo a ciudad como consecuencia de las grandes oleadas de inmigrantes que, llegados desde cualquier punto del Estado, provocaron un aumento demográfico desorbitado, originando graves problemas de acceso a la vivienda, generando condiciones de habitabilidad muy precarias, una especulación urbanística sin precedentes y un grave déficit en todo tipo de servicios.

La mayoría de los miembros de esta banda eran hijos de inmigrantes acabados de llegar que tuvieron que enfrentarse a serios problemas socioeconómicos y culturales, con falta de formación, con una tasa de analfabetismo muy elevada, y, en muchos casos, con una estructura familiar alimentada por el maltrato y el alcoholismo… Este conjunto de circunstancias impulsó a que algunos de estos jóvenes buscasen entre sus iguales la manera de enfrentarse a su devenir, fruto de la precariedad, de unas condiciones sociales, económicas y emocionales, con desarraigo y falta de adaptación en muchos casos, que acabarían marcando a una juventud que encontró en el grupo y en la violencia, su manera de rebelarse contra las condiciones de vida que les tocó vivir.

Es en estas circunstancias donde Chelo Arroyo sitúa la narración de su novela *Vidas truncadas*, un relato de ficción basado en hechos reales que nos trasladará a los años setenta, una época todavía muy presente entre la ciudadanía de Santa Coloma. Un relato social donde se refleja perfectamente la dinámica de los jóvenes colomenses de aquella época, sus relaciones, indumentarias, música, lugares de ambiente y cómo impactó la aparición del fenómeno de las drogas.

La existencia de bandas similares en otras ciudades metropolitanas nos lleva a entender que este fenómeno no fue exclusivo de nuestra ciudad, si bien podemos afirmar que, la banda de los Correas, con un elevado número de componentes, fue la primera de la que se tiene constancia en Santa Coloma. Una banda que incluso, contaba con una cantera de aspirantes compuesta por miembros de edades comprendidas entre los ocho y los doce años a los que se les llamaba "los Quitapenas".

LAS BANDAS JUVENILES

Las bandas juveniles, grupos, organizaciones de calle o tribus urbanas tienen un elemento común independientemente del momento o el lugar en que se hayan dado y de la presencia o no de una ideología entre sus miembros: este elemento es la adolescencia y la juventud. Una etapa que se caracteriza por los cambios físicos y sociales que impulsan en el joven la necesidad de crear vínculos entre sus iguales y a desarrollar el sentimiento de pertenencia a un grupo como sensación de reafirmación y seguridad. Este proceso de búsqueda de una identidad propia comporta la vivencia de nuevas experiencias que rompan con el vínculo y el rol marcado por los adultos, sobre todo de los padres, y la creación de mecanismos de evasión.

Al pertenecer a una banda se crean nuevos vínculos afectivos, funcionales, de comunicación, de confianza y, sobre todo, de sentimiento de pertenencia al grupo.

En función de las características del grupo es muy importante la estructura o jerarquía interna ya que, para la mayoría de sus miembros, será un elemento de autoafirmación y de confianza. En otras ocasiones, esta jerarquía no está estructurada, como en el caso de "los Correas", aunque la figura de los líderes jugará un papel muy importante como referentes.

Otra característica que define a esta banda colomense "los Correas" es su carácter ocasional. La falta de jerarquía, ideología y estructura interna, en la banda, dio lugar a una existencia limitada a unos cuantos años, ya que su vínculo vertebrador se limitaba a unas relaciones basadas en la diversión, la práctica de conductas de riesgo, actos antisociales y delitos leves. Esta dinámica marca una gran diferencia con otros grupos juveniles, como por ejemplo las bandas latinas, las organizaciones de extrema izquierda, las de extrema derecha, o incluso los grupos violentos organizados en torno a diferentes clubs de fútbol, que, con una ideología diferenciada, mantienen pocas características en común con "los Correas".

En su trabajo *"Las bandas juveniles en la sociedad contemporánea: marginalidad y resistencia"* publicado en la revista *"Vínculos de Historia"*, núm. 5 (2016) Luca Giliberti afirma que:

«Los grupos conforman espacios de relaciones que permiten a los miembros salir de lo individual a través de la construcción de un colectivo que reconoce a sus miembros, los aglutina y los representa. El grupo toma en consideración al joven y su punto de vista, le proporciona un escenario de reconocimiento social y le confiere autoestima. Al mismo tiempo, participa en la creación de conexiones fuertes con personas con las cuales el joven comparte su vida».

Estos grupos tienen elementos identificativos entre sus miembros como: el lenguaje verbal y no verbal, colores, tatuajes, grafitis, vestimenta... En el caso de "los Correas", su elemento identificador eran cinturones con monedas de dos reales remachadas y hebillas prominentes.

Carmelo Martín Sosa Déniz en 2016 en la revista *"Crimipedia"* de la Universidad Miguel Hernández de Elche, publicó, el 21 de junio de 2016, un estudio sobre las bandas juveniles donde escribió:

«Las Bandas juveniles desempeñan un papel notable en el proceso de socialización entre los adolescentes, les permite entre otras, ejercitar habilidades sociales y de solución de conflictos, compartir sentimientos, obtener reconocimiento, desarrollar su identidad personal, experimentar conductas novedosas, entre estas, aquellas que consideramos de riesgo. Por todo ello, interaccionar entre iguales (grupos, bandas, pandillas, etc.), resulta en muchos de los casos necesario para finalizar con éxito la etapa adolescente, ayudándoles a emanciparse de sus padres para erigir su propia personalidad.

A todos estos aspectos positivos, debemos añadir aquellos que profesan sobre el adolescente una influencia negativa al reforzar la comisión de conductas de riesgo, antisociales, faltas e incluso, cometer hechos delictivos. En muchos de los casos, se tratará de conductas exploratorias y/o de autoafirmación, ahora bien, de persistir y no identificar esas conductas de riesgo, los puede conducir a iniciar una carrera delictiva que puede derivarse hacia una delincuencia persistente».

Otra cuestión, no menor, es la unificación de criterios a la hora de definir lingüísticamente estos grupos de jóvenes, ya que se utilizan indistintamente diferentes términos que no siempre tienen los mismos significados como por ejemplo grupos de calle, collas, bandas, tribus... Dado que es un fenómeno universal se ha intentado encontrar una definición unificadora para el concepto de "banda". La definición de la Red Eurogang que a continuación se indica, es utilizada en Europa y América para definir este término según se indica en su artículo *"Consideraciones Criminológicas sobre las bandas juveniles"* de Juanjo Medina publicado en la revista de *"Derecho Penal y Criminología"*, 3ª Época, núm.3 (2010) de la UNED.

Para la Red Eurogang, formada por un grupo de científicos sociales europeos y norteamericanos, una banda es:

«Un grupo duradero y callejero de jóvenes para el que la participación en actividades delictivas es parte integral de la identidad del grupo».

Los elementos clave de esta definición son:

«— Durabilidad. Es decir, se trata de grupos que tienen una existencia que perdura en el tiempo (al menos varios meses) y que sobrevive a la salida y entrada de individuos en el mismo.
— Callejeros. Son grupos que pasan mucho tiempo ocupando espacios públicos, a menudo en la calle, centros comerciales, parques, etc.

— Jóvenes. Aunque puede haber miembros de mayor edad, generalmente se entiende que estamos hablando de grupos constituidos de forma mayoritaria por jóvenes en su adolescencia o rondando los 20 años de edad.

— Actividades delictivas. Generalmente quiere decir conductas tipificadas como delitos, no simplemente cualquier tipo de actividad molesta o antisocial.

— Identidad. Se refiere a la identidad del grupo, no a la imagen individual de los miembros.»

Otras definiciones del concepto banda son:

«Un grupo juvenil, duradero, con orientación hacia la calle y otros espacios públicos y con una identidad grupal definida de forma primordial por la participación en actividades delictivas» (Klein, Weerman y Thornberry, 2006).

«Un grupo conformado mayoritariamente por jóvenes y adultos pertenecientes a clases sociales marginalizadas, cuyo objetivo es ofrecer a sus miembros una identidad resistente, una oportunidad para ser reconocidos y empoderarse a nivel individual y colectivo, una voz para poder contestar y retar a la cultura dominante, un refugio de las tensiones y presiones de la vida de barrio o de gueto y un enclave espiritual donde poder generar y practicar rituales considerados sagrados» (Brotherton y Barrios, 2004).

«En la Europa contemporánea, a partir de comienzos de la década del 2000, las bandas latinas se pueden considerar como síntomas y metáforas de la estigmatización de la inmigración pobre y la criminalización de ciertos colectivos de origen inmigrante, en particular los grupos juveniles en cuanto más vulnerables, en un contexto caracterizado por crecientes desigualdades sociales» (Canelles, 2008; Giliberti y Queirolo Palmas, 2014; Queirolo Palmas, 2016).

La banda de "los Correas"

Este grupo de jóvenes, no exclusivamente de chicos, pero sí mayoritariamente, de edades comprendidas entre los 12 y los 18 años, fueron durante unos años motivo de conflictos, enfrentamientos e inseguridad ciudadana. Su denominación fue la de "banda" más por el número de miembros que por su estructura. Como dijo Cándido Orduna Rubio, jefe de la policía municipal de Santa Coloma de Gramanet en el año 1973, en las declaraciones efectuadas a *"La Voz de Badalona"*, núm. 74, de fecha 15 de septiembre de 1973:

> «*"Los Correas" no han sido nunca una banda propiamente dicha, ya que, si bien en algunas ocasiones cometieron actos propios de un grupo similar, nunca tuvieron un sistema jerárquico ni un fin que consistieran en organizarse para vivir sin trabajar con el producto de los robos. Cuando cometían un delito o falta lo hacían para "salvar una situación inminente de necesidad". No actuaban y programaban pensando en el mañana, ni tampoco obedecían a uno u otro miembro*».

Un grupo de jóvenes en muchos casos con situaciones familiares muy complejas, que buscaban en sus iguales lo que no encontraban en sus núcleos familiares ni en una sociedad que no les ofrecía alternativas. Entre los que destacaron el "Chino", el "Negro", el "Culín", el "Mellao", el "Mario", el "Indio", el "Diego", el "Frankenstein", el "Chocolate", el "Tartra", el "Bambino", el "Lagarto", el "Lucifer", el "Toro" ... que realmente crearon una alarma social con situaciones conflictivas como robos a tiendas del barrio, peleas en la vía pública, en los Centros Sociales de la ciudad, en las discotecas de Santa Coloma y Badalona y un largo etcétera que les llevó a ganarse una merecida fama delictiva. Jóvenes que ante sus actos la única solución que se les ofrecía desde las instituciones era "la mano dura", tal y como señala Marcelo López Ródenas en su libro de "*la Historia social de la Santa Coloma moderna*" (pág. 160), exceptuando la postura mediadora y conciliadora que se desplegó desde la iglesia del Fondo con Jaume Patrici Sayrach al frente y desde el Centro Social de Santa Rosa intentando recuperar, reeducar e integrar a estos jóvenes.

Antigua plaza del Reloj. La Voz de Badalona.

Durante los años setenta, la conflictividad infantil y juvenil fue en aumento, convirtiéndose en un motivo de preocupación a nivel estatal. Según los diferentes informes realizados por expertos como el Dr. Alfonso Serrano Gómez, profesor del Instituto de Criminología, autor de la "*Historia de la Criminología en*

España" y Julio López Oruezabal, presidente del Tribunal Tutelar de Menores de Madrid, en una entrevista a *"La Vanguardia"*, el uno de septiembre de 1973, manifiestan su preocupación por el aumento de la delincuencia en general, sobre todo en el ámbito infantil y juvenil. Las cifras sobre el aumento de la delincuencia publicadas en las memorias de la Fiscalía del Tribunal Supremo avalan esta preocupación.

Menores de 16 años juzgados en el Tribunal de Menores	Años			
	1969	1970	1971	1972
• Por delitos contra la propiedad	9.210	9.743	10.263	10.392
• Por delitos contra les personas	2.547	2.678	3.630	2.900
• Por fugas de domicilio	472	466	703	588
• Otras infracciones	2.428	2.115	3.709	2.332

	Años			
	1969	1970	1971	1972
Número de condenados entre 16-21 años	7.522	8.353	7.842	7.358

El criminólogo J. M. Hierro, miembro del Instituto de Reinserción Social de Barcelona, creado en 1969, dijo:

«En definitiva, mis conocimientos teóricos y prácticos me han llevado a la conclusión de que no existe la delincuencia motivada por una patología insana, porque no es una enfermedad del individuo. Es una enfermedad social.

...un joven delincuente me preguntaba por qué un determinado individuo tenía coche y sin embargo él no. "¿A caso no nací yo igual que él?" Esta situación provoca una rebelión interior que más o menos todos llevamos dentro pero que se manifiesta en los que tienen una moral baja. Un individuo "formado" encauza esta rebelión hacia una promoción personal que le haga ascender; sin embargo, en los otros, les sale quizás, apoderándose de este objeto que a él le está vetado».

EL FONDO, BARRIO DE ACOGIDA

La primera ola migratoria en Santa Coloma se produjo en los años veinte, donde un nutrido grupo de inmigrantes provenientes de Aragón, Murcia, Valencia y del interior de Cataluña acudieron buscando las expectativas laborales que ofrecía la construcción de la red del metro, la Exposición Universal de 1929 y la creciente industrialización.

Estos primeros inmigrantes compraron terrenos a "la Empresa Nacional de Tierras", propiedad de Anselm de Riu, con la intención de construirse una vivienda, coincidiendo en el tiempo con la llegada al barrio del Fondo de foráneos barceloneses, miembros sobre todo de la Cooperativa "El Reloj", que vieron en el Fondo la posibilidad de tener una segunda residencia con huerto para pasar los fines de semana.

La segunda gran oleada de inmigrantes se produjo a partir de los años cincuenta, teniendo su máximo esplendor en los años sesenta y setenta.

Las casas unifamiliares construidas en los años veinte empezaron a ser substituidas por bloques de pisos a partir del sistema de permuta. Los solares vacíos fueron comprados por particulares para construirse una casa o por constructores para la construcción de bloques plurifamiliares. En el caso de los particulares, en muchas ocasiones construyeron sin permiso de obras, sin el pago de tasas municipales y con materiales de muy baja calidad. En el caso de los constructores, llevaron a cabo muchas edificaciones sin cumplir el compromiso adquirido con el Ayuntamiento de urbanizar las calles y dotarlas de los servicios básicos a los que se habían comprometido a cambio de la recalificación del suelo agrícola en urbano. La falta de racionalidad, de planificación y de criterios urbanísticos fue la constante durante estos años. El barrio iba cambiando su fisonomía.

Imagen postal: Cooperativa "El Reloj" de Barcelona.

El Boletín Oficial Provincial de Barcelona, del 6 de octubre de 1952, publicó la Orden del Gobernador Civil de Barcelona, Felipe Acedo Colunga, de parar el incesante flujo de trabajadores que dejaban sin mano de obra el campo andaluz:

«Por los señores Alcaldes, Jefe superior de Policía de la provincia, Comandantes de puesto de la Guardia Civil y comisarías locales existentes se impedirá en lo sucesivo la entrada y subsiguiente permanencia en sus respectivos términos municipales de aquellas personas que por no tener domicilio tuvieren que recurrir a la vivienda no autorizada debiéndolos remitir a este Gobierno Civil para su evacuación por el Servicio que se encuentra a este efecto establecido».

La "vivienda no autorizada" hacía referencia al barraquismo al que muchas familias se vieron abocadas. Hay constancia de que esta orden se ejecutó, en algunos casos, a personas recién llegadas a Barcelona y que fueron devueltas a sus lugares de origen.

Imagen artículo sobre "La línea 9". Chema Carvajal en "Canal Didáctico".

En el año 1963, el capellán de la iglesia de Santa Rosa Joan Mata, realizó un informe con imágenes que reflejaban las condiciones de vida y la falta de servicios de los inmigrantes llegados a los barrios del Fondo, Santa Rosa y Arrabal.

Este informe reflejaba las carencias y déficits que se daban en estos barrios donde las calles se convertían en auténticos barrizales cuando llovía, con grandes desniveles por la orografía, ausencia de aceras, calles sin iluminación, aguas residuales que descendían a sus anchas por las calles buscando una salida, zonas como el alto Fondo donde no llegaban servicios tan esenciales como la recogida de basuras, una ambulancia, un taxi o incluso los servicios funerarios.

A la situación de las calles se añadía el problema de la vivienda. Según refleja el libro "*Problemática de la Enseñanza en Sta. Coloma de Gramenet*" las 3.840 viviendas censadas en 1950 pasaron a las 26.914 del 1971 con gran presencia de barracas, cuantificadas en aquel momento en unas 1.500. Las características de estas "viviendas", la mayoría auténticos cuchitriles con sobreocupación, sin ventilación, llenas de humedades y sin luz ni agua corriente, un bien que debían de conseguir en las pocas fuentes públicas disponibles que abastecían a miles de personas.

Estado de las calles (C/ Bruch). Informe Joan Mata.

Imagen barraca. Informe Joan Mata.

Condiciones de vida inhumanas que, junto con otros déficits como el educativo con unos índices de instrucción muy bajos según el censo de 1975 publicado en el libro "*Problemática de la Enseñanza en Sta. Coloma de Gramenet*" del 1979, realizado por siete maestros y editado por la Coordinadora de Asociaciones de Vecinos y el Casal de Cultura, nos indica la situación de falta de formación de la mayoría de la población y la reducida oferta de la formación de adultos que en los primeros años de la década de los setenta se dio en nuestra ciudad.

Nivel de instrucción	N° habitantes	%
No saben leer ni escribir	29.183	20'85
Estudios pimarios incompletos	100.933	72'11
Bachillerato elemental o equivalente	5.598	3'99
Bachillerato superior o equivalente	1.493	1'06
Formación profesional	1.401	1'00
Peritajes, ingenierías técnicas	641	0'45
Enseñanzas superiores	343	0'24

Al final de la década de los sesenta y principio de los setenta, la transformación del barrio se hizo evidente. Empezaron a desaparecer las torres, los huertos, y en su lugar se construyeron bloques de pisos que apenas dejaron solares vacíos. Bloques que se levantaban al lado de barracas y donde la orografía del terreno no fue un impedimento para el afán especulador y de construcción. La rápida edificación de bloques facilitó la llegada de más familias, produciéndose también estafas por la venta fantasma de pisos.

Un ejemplo, extensivo a la gran mayoría de familias llegadas en estos años, es entre otros el testimonio de Paco Díaz que, en el blog de *"En el Fondo"*, describe el recorrido desde su lugar de origen hasta su primer contacto con el barrio:

«Desde Jaén, primero vinimos mi primo y yo, sin la familia, veníamos juntándonos con gente del mismo pueblo, ya que siempre era mejor tener contacto aquí con algún paisano. A veces la gente iba a parar a algún bar donde el propietario ayudaba a sus paisanos, como el Andaluz, de la calle Dalmau, o uno de la calle Reloj. Allí les decían donde había casas en las que alojaban a gente».

Otros vecinos añaden:«*La mayoría de los que llegaban estaban realquilados. En nuestra familia nos ajustábamos para vivir con lo justo y apretados, si podíamos, también alquilábamos habitaciones*».

La pensión Bello fue la primera casa de muchos de los actuales vecinos:«*Primero era una casucha, pero luego se adecentó con un edificio más grande y mejor*».

Poco a poco se fue dibujando la ciudad dormitorio de los años setenta en que nos acabamos convirtiendo, con una población que cada día se desplazaba fuera de la ciudad para ir a trabajar.

«*Es difícil precisar el número ingente de personas que cada día salen de la población para trasladarse al trabajo. Solamente el espectador y el trabajador mañanero y vespertino sabrán lo que son y representan las colas de los autobuses y trolebuses*». Así describía esta situación Joan Mata en su informe sobre la insuficiencia de autobuses, frecuencias de paso, colas, esperas y masificación en sus interiores. Situación que confirmaba Mª José Olivé en su artículo "*Crecimiento urbano y conflictividad en la aglomeración barcelonesa. El caso de Sta. Coloma de Gramenet*" de la "*Revista de Geografía*" núm.8, de 1974, donde fijaba la población activa de Santa Coloma, en 1970, en 46.000 trabajadores de los cuales el 23% trabajaba en la ciudad y el resto, el 77%, lo hacía fuera de Santa Coloma, con las condiciones de un transporte público deplorable.

El flujo constante de la llegada de miles de personas provocó un crecimiento descontrolado de población alcanzando en 1969 la alarmante cifra de 100.000 habitantes. En este cuadro podemos observar la evolución del número de habitantes desde 1900 a 1970.

Imagen colas transporte. Informe de Joan Mata.

Año	Habitantes
1900	1.510
1910	1.869
1920	2.728
1930	12.930
1940	17.318
1950	15.281
1960	32.590
1970	106.711

Al alcanzar la cifra de los 100.000 habitantes, Santa Coloma de Gramanet recibió el título de ciudad en el Consejo de Ministros en 1969. Una ciudad sin servicios ni infraestructuras, calificada como ciudad dormitorio y con el apelativo de ciudad "sin ley" que la presencia de la banda de "los Correas" contribuyó a reforzar.

La revista "GRAMA", en el número 29 del 1 de mayo de 1971, publicó los siguientes datos sobre la falta de servicios, déficits y especulación del suelo en el barrio del Fondo.

	Existentes	Necesarios
Centros administrativos	0 m^2	900 m^2
Centros sanitarios	0 m^2	2.400 m^2
Enseñanza primaria	14.000 m^2	66.000 m^2
Enseñanza media y especial	1.000 m^2	19.500 m^2
Asistencia social	0 m^2	18.000 m^2
Mercados y grandes almacenes	6.000 m^2	21.000 m^2
Zonas deportivas	0 m^2 (*)	4.500 m^2
Ocio	400 m^2	1.800 m^2
Parques y jardines	300 m^2	405.000 m^2
Calles y aparcamientos	180.000 m^2	273.000 m^2
Centros sociales y culturales	0 m^2	4.500 m^2

(*) No se considera como instalación del barrio el campo municipal de fútbol de la UDA Gramenet.

En el artículo de Agustina Rico de *"En el Fondo"*, hace un resumen de la falta de servicios en el barrio según el informe del capellán Joan Mata realizado en 1962:

- «*Habitantes aproximados: 20.000.*
- *Centros recreativos y sociales: no existe ninguno.*
- *Bares y tabernas: 60, en continua aparición.*
- *Médicos: no hay ninguno en la barriada.*
- *Comunicaciones: no existe transporte público. Los trabajadores deben emplear de 2 a 4 horas en ir y venir del trabajo. Los trolebuses se llenan a modo de hacinamiento.*
- *Calles: 70% sin cloacas, 100% sin asfalto ni aceras.*
- *Colegios: población escolar: 4.000 niños de más de 5 años.*
- *Población mal escolarizada: 3.000 niños.*
- *Guardería: no existe ninguna.*
- *Casas: 1.500 barracas en la demarcación.*
- *Habitabilidad: 8.000 vecinos viven realquilados.*
- *Mercados: Hay un mercadillo instalado en medio de la calle, con unas 80 paradas, en el sector Fondo.*
- *Fuentes públicas: 6 para abastecer a un 40% de hogares sin agua corriente.*
- *Alumbrado: hay una media de 4 bombillas por calle, la mayoría sin luz (las bombillas)*».

Cola en una fuente del barrio. Imagen de "En el Fondo".

Primer mercado del Fondo (C/ Mn. Cinto Verdaguer-Pl.del Reloj). Año 1962.

La llegada masiva de población a Santa Coloma de Gramanet, en esta década, se vio agravada por circunstancias propias como su orografía, las dimensiones reducidas de su término municipal y la falta total de planificación urbanística que estaba en manos de propietarios y constructores que iban diseñando las calles en función de sus intereses. Calles sin asfaltar, estrechas, aceras reducidas o inexistentes, trazados irregulares, sin cloacas, iluminación casi inexistente y espacios que se vieron aún más reducidos con la aparición de los vehículos.

En los inicios de los años setenta, en concreto en 1972, la población del Fondo censada era de 23.724 habitantes. Estos años siempre se recordarán por las reivindicaciones para la mejora del barrio. Demandas que se centraron mayoritariamente en exigir a la administración unas condiciones de vida dignas con el reclamo de: plazas escolares, semáforos, la lucha por conseguir solares como los del "Churrero", el "Molero" o el de la "Sara" para destinarlos a equipamientos o el solar de la calle Beethoven / Wagner para la construcción de una escuela.

A estos déficits urbanísticos y falta de servicios hay que unir la falta de libertades políticas lo que propició, a partir de finales de los años sesenta, la concienciación de una gran parte de la juventud y de los trabajadores que empezaron a organizarse en grupos como los GOA (Grupos Obreros Autónomos) y la JOC (Juventud Obrera Cristiana), momento también donde empiezan a surgir los primeros partidos de la clandestinidad (PSUC, OICE, BR, MCC, LCR, PTE...) y el Centro Social "Amigos del Fondo" situado en la calle Beethoven, 72, que en 1972 se estableció como el primer núcleo de organización y concienciación social de los jóvenes del barrio del Fondo. Estos, junto con la Comisión del Barrio, integrada por personas de diferentes ideologías de izquierda y la creación en 1975 de la Asociación de Vecinos, contribuyeron al inicio de las reivindicaciones populares.

En este proceso de concienciación tuvo mucha importancia la creación de la parroquia San Juan Bautista en 1965, la revista "*GRAMA*" en 1969, la elaboración del "Plan Popular" en 1978, la actividad política de los partidos de izquierda en la clandestinidad y la actividad sindical en las fábricas.

La plaza del Reloj se ganó el apelativo de "Plaza Roja", dado que la mayoría de las manifestaciones se iniciaban allí.

Parroquia San Juan Bautista. Portada libro "En el Fondo" de Jaume P. Sayrach.

Todas estas reivindicaciones se produjeron en un momento de represión política y policial que, en muchas ocasiones, acababa con una violencia desproporcionada y detenciones. A estas luchas de barrio hay que sumar otras muchas que se produjeron en la ciudad como la del boicot a los autobuses por la mejora del servicio y contra el incremento del billete del "3" en 1968, la del ambulatorio el 1971, la de la ampliación de la carretera de acceso a Santa Coloma, las demandas de construcciones de colegios... acciones paralelas a las reivindicaciones políticas de libertad y democracia.

Como dijo Agustina Rico en su artículo sobre este barrio, «*el Fondo fue una escuela de vida que nos acompañará siempre*».

Manifestación reivindicativa AV del Fondo. Jaume P. Sayrach.

Repercusión en los medios de información

La prensa generalista y las revistas *"GRAMA"* y *"GRAMA-NET"* en Santa Coloma de Gramanet y *"La Voz de Badalona"* en la ciudad vecina, durante los años de actividad de la banda de "los Correas", recogieron en sus páginas, tanto en portadas, cartas al director y artículos, los conflictos y la preocupación social que los actos de este grupo de jóvenes ocasionaron.

GRAMA núm. 14 -febrero 1970-   *GRAMA núm. 54 -junio 1973-*

La actividad de este grupo de jóvenes se desarrolló aproximadamente desde el 1970 al 1974. Durante estos años, la revista *"GRAMA"* publicó diferentes artículos y opiniones de diferentes lectores, a través de las "cartas al director", sobre el papel de los jóvenes y el ocio, reflejando en algunos casos su falta de oportunidades y servicios, con sus defensores y detractores.

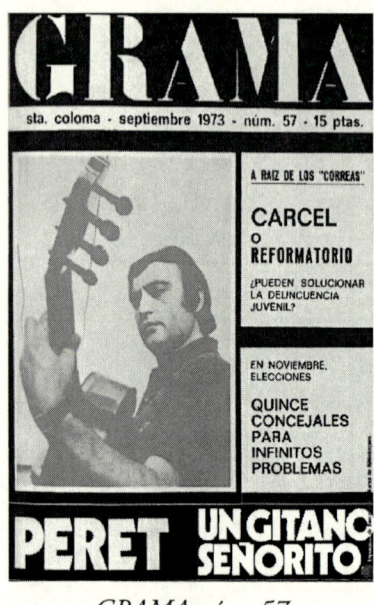

GRAMA núm. 57

En el número 14 de la revista *"GRAMA"*, publicada el 1 de febrero de 1970, Eugenio Madueño realiza un artículo sobre los inicios del gamberrismo titulado *"Golfillos ayer..."* donde hace referencia a las "guerras" entre jóvenes de diferentes calles, que consistente básicamente en el enfrentamiento y en el lanzamiento mutuo de piedras.

Un segundo artículo de este mismo periodista, *"Gamberros que meten mano"*, publicado en el número 16 en abril de 1970, nos habla de las chicas como víctimas de estos grupos de jóvenes.

Todavía no se hace referencia al concepto de banda, ya que se refiere a un grupo de jóvenes que define bajo el concepto de "vándalos".

En el número 54, de junio de 1973, en el reportaje *"Hablan los Correas"*, Eugenio Madueño entrevistó algunos de sus miembros:

«(...) Son como una familia que se defiende de los ataques del exterior y tienen entre ellos un orden de valores y una especie de «código de respeto» que les mantiene unidos. Se respetan «la chavala» de uno y otro con la misma seriedad con que acuden a romperle la cara a alguien que haya molestado a algún componente del clan (...)

— ¿De quién fue la idea de la correa?

—No sé. Nos acostumbramos a llevarla porque es molona. Cada uno tiene la suya. (...) La gente dice que somos unos gamberros. Y

lo somos. Mira, tú, a nosotros nos hace la gente. Con una manera de vivir diferente seriamos diferentes. (...)

— ¿Y cambiar de vida, dejar de hacer lo que hacéis ahora?

— ¿Y hacer qué? Tú fíjate lo que hacemos nosotros: trabajar por la mañana. Del trabajo vienes cansado y lo que traes son ganas de divertirte.»

"La Voz de Badalona" núm. 74

En Badalona también se dio la misma preocupación social que en nuestra ciudad, ya que también se produjeron incidentes graves en algunos de sus barrios como en la Balsa o Sistrells, con enfrentamientos con otros grupos de jóvenes, asaltos a Centros Sociales y a las asociaciones de vecinos. La revista *"La Voz de Badalona"* se hizo eco de la presencia de este grupo de jóvenes por protagonizar diferentes incidentes tanto en la zona limítrofe con Santa Coloma como en la zona de discotecas del Paseo Marítimo.

La primera constancia de la banda de "los Correas" en esta revista se dio en el número 66 con fecha de 16 de junio de 1973, donde figura una carta firmada por ochenta y seis jóvenes solicitando medidas sociales para acabar con el fenómeno de las bandas por el miedo y la inseguridad que generan.

En el ejemplar de la fotografía se llevó a cabo un extenso análisis de este grupo de jóvenes. El periodista Santiago Vilanova realizó un amplio reportaje titulado *"Los correas, ¿por qué pegan?"*. En esta entrevista, donde participaron un grupo de jóvenes miembros de esta banda, se quejan de tener limitada la entrada a las discotecas, hacen referencia a la actitud hostil de la policía y del papel positivo del capellán del Fondo. También mencionan el robo de coches y motocicletas, las fugas de casa, los primeros ingresos en prisión y reformatorios y la presencia de las chicas en la banda.

En el mismo número de la revista, Eugenio Madueño escribe un artículo con el título de *"Hoy Correas, mañana ¿qué?"* donde hace una similitud entre su adolescencia y la de los miembros de "los Correas" concluyendo:

«(...) *Para la mayoría –como para casi todos mis antiguos compañeros— la vida, la sociedad, no les va a ayudar a tomar conciencia de su situación. A rebelarse contra la ignorancia y el anonimato en busca de la comprensión y luego la exigencia.*

Caerán en la monotonía del "trabajar-comer-dormir" y algún día, ¿quién sabe?, a lo mejor cometan un disparate intentando salir del círculo opresor.

Le llamarán "delincuentes" y serán castigados. Por rebelarse contra el orden o atentar contra la propiedad privada. (...) Lo que fue diversión y aventura, sin más, se convertirá en odio. Las páginas de sucesos de los periódicos están llenas de casos.»

Posteriormente, el número 75 de fecha 15 de septiembre de 1974, recoge los artículos de Eugenio Madueño publicados en *"Tele-Exprés"* los días 11 y 12 de septiembre sobre el enfrentamiento entre bandas rivales y la actuación de la policía. En el número 76 del 22 de septiembre, se publican los artículos *"Un problema inquietante, los Correas"* y *"Los Correas en acción. Batalla campal en una plaza de Sta. Coloma"*, donde se hace referencia a estos incidentes.

En el número 77, del 29 de septiembre, la revista vuelve a hablar sobre este grupo de jóvenes en la entrevista que se realiza al jefe de la Policía Municipal de Santa Coloma, Cándido Orduna, y donde también se recogerá la opinión que suscita esta banda en diferentes sectores de la población, opiniones como las de un estudiante, una religiosa, un trabajador, una ama de casa, un profesor y una bibliotecaria.

"La Voz de Badalona" núm. 77 (29-9-1973)

Hay que destacar también la referencia de "los Correas" en el documental *"El Sevillano"*, realizado por Josep Nicolás Álvarez en el año 2016 y presentado el mismo año en el festival de Sitges en la sección de *"Noves Autories"* sobre la vida de Antonio González Treviño.

Otro medio de comunicación de la época que también recogió la presencia de "los Correas" en la ciudad, fue la revista municipal *"GRAMANET"*, pero desde la óptica de la necesidad de mano dura desde las instituciones.

Revista Municipal (1969-1975)

En la publicación del 15 de octubre de 1972 se relata la siguiente noticia:

«*L. M. H. el "Chino" fue apresado en compañía de otros dos cuando trataban de robar un velomotor en la plaza del Reloj. Al ser descubierto en su intento, huyeron, siendo detenidos por la Policía Municipal en la plaza Nacional. El "Chino" es un delincuente habitual y pertenece a la banda de "los Correas" a los que se les imputan numerosos hechos delictivos.*»

El 26 de marzo de 1973 publicó la siguiente noticia:

«*Vuelve a ser noticia la banda de delincuentes, llamada "los Correas". Este nombre responde a la forma de actuar de casi todos sus miembros. Con correas –cinturones- de grandes hebillas, atacan salvajemente a sus víctimas. Muchas veces, por el simple placer de maltratar a las personas. Otras, este medio les sirve de intimidación para sus fechorías, para sus robos y saqueos.*

"Los Correas" son la nota desagradable de nuestras calles, en donde nuestros hijos no pueden deambular con tranquilidad por temor a estos forajidos. Podemos decir que no son futuros delincuentes, porque ya lo son, a pesar de su corta edad. Entre los 14 y los 20 años, oscilan las edades de cada uno de ellos.

Esta vez, la Policía Municipal, ha efectuado una redada comple-
ta. Los componentes de "los Correas", fueron llevados, uno a uno,
ante nuestras autoridades, para responder de los múltiplos actos en
que se salvajismo se hace patente. Incluso, varias chicas, aparecen
enlazadas a esta larga lista de pequeños delincuentes.
Todos, han sido fichados, para que siempre la Policía pueda
conocer el paradero de ellos. Algunos de estos forajidos, trabajan;
en su mayor parte, no tienen oficio, no tienen trabajo. Caminan
vagando por nuestras calles a la espera del descuido, en cohecho
constante de sus víctimas. Y, desgraciadamente, casi todos ellos son
vecinos de Santa Coloma.
Minuciosamente, la Policía Municipal ha avisado a sus familiares
de los componentes de la terrible banda».

También la prensa generalista se hizo eco sobre la banda de los
Correas, recogiendo algunos incidentes como:

• **Solidaridad Nacional:** del 8 de julio de 1973, artículo *"La*
increíble defensa del hampa" de José Montoro sobre una carta
publicada a "la Voz de Badalona".

«Los Correa (...) carne futura de pena, ya que por la edad actual
de varios de ellos –de los 14 a los 18 años- aún no pudieron ingre-
sar en el medio aislante que todos quisiéramos (...) Los Correas son
temidos por los vecinos de estas dos grandes ciudades barcelonesas
(Badalona y Sta. Coloma); conveniente sería que se airearan sus
muchas entradas en los cuarteles de la Fuerza Pública (...)».

• **Tele/Exprés:** del 11 y 12 de septiembre de 1973, artículos de
Eugenio Madueño sobre los incidentes entre un grupo de vecinos
y los Correas en la plaza del Reloj el día 10 de septiembre y el

enfrentamiento posterior, el día 11, entre vecinos del barrio de Sistrells y los Correa donde se llegaron a disparar varios tiros al aire por parte de la Policía Municipal.

• **El Correo Catalán:** El 13 de septiembre de 1973, sobre estos mismos incidentes en el artículo *"Cuando sólo queda la calle"* de Antoni Plaja.

> *«(...) la primera reacción lógica sería pedir una adecuada respuesta en forma de severa vigilancia de la fuerza pública. Pero ¿y después? ¿El problema que nos ocupa sólo permite contemplarlo con el cristal de la represión, o, por el contrario, la cuestión es lo bastante grave como para considerarla con otros prismas? Yo me decantaría por la última de estas suposiciones. Más que nada el resultado que se obtiene de considerar el entorno social en que se desenvuelven los chicos componentes de estas bandas».*

• **El Noticiero Universal:** Artículo *"Los Correas"* de Agustín Pons:

> *«(...) La aparición de "los Correas" solo puede ser entendida a partir de la constatación del real nivel de habitabilidad de ciudades como Santa Coloma de Gramanet cuyo déficit urbanístico es tan impresionante que resulta casi increíble. El día 22 de septiembre del año pasado –comentando un serio estudio económico-social llevado a cabo sobre la situación urbanística de Santa Coloma y que reprodujo, en gran parte, la revista "Grama"- se decía en estas páginas: "Cada habitante de Sta. Coloma dispone de 0'23 metros de zona verde, es decir, poco más de un palmó; solo existen cuatro guarderías que acogen 112 niños cuando en realidad se deberían atender 1.670; en la edad escolar, uno de cada cuatro niños no tienen donde*

ir y los cuatro que tienen la suerte de encontrar colegio lo hacen en difíciles condiciones de escolaridad; sólo uno de cada tres muchachos puede estudiar el bachillerato debido a la falta de plazas; existen tan solo dos mercados (...), no existe ningún tipo de esparcimiento cultural: tan sólo una biblioteca y, eso sí, muchos cines».

• **La Vanguardia:** Artículo *"Santa Coloma de Gramanet: Robo en el domicilio del alcalde"* 15 de septiembre de 1973, M. Castellón.

«Ha sido descubierto "in fraganti" el menor M. V. V., de 16 años el "Villena", perteneciente a la tristemente famosa banda de "los Correas", quien en unión de otros dos individuos se encontraban desvalijando un piso, siendo sorprendidos por los vecinos, que no pudieron evitar que dos de ellos huyeran. En su poder fueron encontradas un total de 21.087 pesetas en metálico, varios relojes, joyas y otros efectos de valor, así como un destornillador de grandes proporciones, con el que violentaban las cerraduras de los domicilios. Una de las viviendas saqueadas por dichos individuos, ha sido el domicilio del propio alcalde de la ciudad».

• **La Vanguardia:** Artículo *"Aleccionadora desintegración de una numerosa banda de delincuentes menores"* 11 de agosto de 1973, M. Castellón.

«Sistemas persuasivos, no inéditos, pero sí muy efectivos, han permitido terminar con la acción de la pandilla "los Correas", integrada por más de cien menores, comprendidos entre los 10 y 18 años, que durante largo tiempo han constituido una auténtica lacra social para esta población. Como se sabe, a cualquier hora del día se daban toda suerte de actos, tanto contra la propiedad como contra la seguridad de muchas personas, a quienes causaron serias

lesiones, no estando tampoco exentas las riñas entre los integrantes de la propia pandilla. Los pocos recursos legales con que cuentan las autoridades para combatir la delincuencia juvenil y, la tantas veces probada la ineficacia de los centros reformatorios para esta clase de individuos, hicieron que la Policía Municipal adoptase métodos que, si no infalibles, han dado unos resultados muy prácticos. Consistió en la identificación de la mayoría de ellos, en acción que ha durado varios meses, estableciendo un riguroso control sobre los cabecillas de la banda, Con ello se consiguió su disgregación, hasta quedar ésta reducida a un número Inferior a la veintena a todos los cuales se les obligó a presentarse cada noche en la Jefatura de la Policía acompañados de sus padres en tanto cada uno de ellos encontraba una ocupación laboral. En forma paulatina, el grupo se fue reduciendo hasta quedar solamente tres o cuatro cuya circunstancia no ha permitido la integración momentánea al mundo del trabajo.

• *Eficaz colaboración*

Pero es que tal control no termina con ese encauzamiento de los jóvenes delincuentes, sino que es la propia policía que, en ocasiones, ha servido para encontrar los adecuados puestos de trabajo, la que pone en antecedentes a las empresas sobre la condición del individuo, a fin, de que el control pueda ser más riguroso. Por otra parte, parece ser que, en los padres, siguiendo tales métodos, se ha encontrado unos excelentes colaboradores para que las torcidas conductas de estos muchachos encuentren, por fin, una solución plausible en su existencia.

• *Posible, base de grandes soluciones*

Nos llama particularmente la atención este hecho que, por otra parte, puede constituir un motivo de reflexión para sociólogos y criminalistas, porque quizá sea la base de grandes soluciones en el amplio mundo de la delincuencia juvenil, en la que, como se ve, se necesita la colaboración de todos. Solución que, asimismo, podría tener, una muy aceptable aplicación en muchísimos otros órdenes y, en especial sobre el mismo tipo de delitos entre gente ya adulta e incluso sobre esa cantidad ciertamente importante de individuos, la mayoría de ellos cabezas de familia que es normal verlos implicados en riñas y pendencias a altas horas de la noche en torno a establecimientos públicos, responsables sin ningún género de duda, de este tipo de escándalos. Pero se ve que aquí también las atribuciones de los agentes de la autoridad tienen unas altas limitaciones, ya que, según tenemos entendido, las denuncias cerca de la máxima autoridad provincial sobre estos establecimientos no encuentran la adecuada aplicación y efectividad, con lo que difícilmente puede verse coronado con éxito este trabajo.

- *Insuficiente número de agentes de la autoridad*

Por otra parte, y una vez más, nos permitimos insistir en ello, la ciudad no dispone del número suficiente de agentes de la autoridad ni medios adecuados para estas campañas. No olvidemos que se reduce a los efectivos de la plantilla de agentes del municipio, no alta, por cierto, y con multitud de funciones que atender. Los otros colaboradores son la guardia civil, con una dotación reducidísima de números al mando de un sargento, y que también tiene que desdoblarse en sus funciones para atender el amplísimo cometido que tienen encomendado. Esto, para una ciudad de 150.000 habitantes y, por añadidura, con la complejidad de su múltiple procedencia regional, nos lleva al convencimiento de que lo ahora logrado constituye una auténtica labor que la población vería con agrado continuase e incluso se ampliase en otros, órdenes, como más arriba indicamos».

- **La Vanguardia:** Artículo *"La policía evita un enfrentamiento entre bandas juveniles rivales"* 13 de septiembre de 1973, Europa Press.

«*Tras los últimos incidentes que se han producido en Santa Coloma de Gramanet a consecuencia de los enfrenamientos de bandas juveniles rivales, entre las que destaca la denominada "los Correas", se esperaba anoche un acto de represalia de la citada banda contra unos rivales. El enfrentamiento, que estuvo a punto de producirse, no llegó a tener lugar por la intervención de la Policía Municipal.*

Desde las primeras horas de la noche, se observaba en la plaza del Reloj de Santa Coloma, y en sus inmediaciones, un inusitado movimiento de grupos jóvenes, hasta que quedó definido un grupo bastante numeroso del barrio de Sistrell, mientras esperaban "los Correas". Estos, en número no inferior a 30, hicieron por fin su aparición a las nueve da la noche. La policía, atenta, se presentó en el momento en que los dos grupos se encontraron, y consiguió evitar el enfrentamiento. Los agentes efectuaron varios disparos al aire para lograr que los jóvenes se dispersaran. Dos de ellos fueron introducidos en un "Jeep" de la policía, pero consiguieron escapar».

Todas estas reseñas informativas nos ayudan a entender la repercusión que las acciones de la banda de "los Correas" tuvieron en los medios de comunicación, sobre todo entre las poblaciones de Santa Coloma y de Badalona, creando realmente un clima de inseguridad entre la población.

Una banda de jóvenes que acabó desintegrándose en 1974 y que, a partir de ese momento, cada uno de ellos eligió qué camino tomar: unos se integraron socialmente; otros continuaron delinquiendo o se adentraron en el mundo de las drogas.

BIBLIOGRAFÍA

ABELLÓ ALFONSO, PEDRO. "Delincuencia Juvenil". https://fundacionspeiro.org

CARVAJAL, CHEMA. "La Línea 9 de metro remodela Santa Coloma de Gramenet. Canal Didáctico. Comunicación educativa...para despertar". Marzo 2012.

COLL DAROCA, MONTSERRAT, GARCÍA AZORÍN, PERICO, GONZÁLEZ GARMENDÍA, IZASKUN, GUARDIOLA CARRIÓN, ANTONIA M., NAVARRO SIERRA, JOSÉ LUIS, RIPOLL FONT, CARMEN Y SÁNCHEZ SÁNCHEZ, NEMESIO. "Problemática de la enseñanza en Santa Coloma de Gramenet" editado por la Coordinadora de AAVV de Santa Coloma de Gramenet y Casal de Cultura. 1ª edición enero 1979.

GARCÍA DEL CID, CONSUELO. "nosquedalapalabra.com" "El Caso del Por Qué". 14 de abril de 2013.

GILIBERTI, LUCA. Artículo, "Las bandas juveniles en la sociedad contemporánea: marginalidad y resistencia". (Vínculos de Historia, núm. 5) año 2016.

GRUP D'HISTÒRIA JOSÉ BERRUEZO. "Una ciutat dormitori sota el Franquisme. Sta. Coloma de Gramenet 1939-1975". Ediciones Carena. Novembre 2006.

LÓPEZ RÓDENAS, MARCELO. "Historia Social de la Santa Coloma Moderna 1954-1979". Regidoria de Cultura de l'Ajuntament de Santa Coloma de Gramenet". GRAMA Ediciones, S.L. Año 1982.

Madueño Palma, Eugenio "GRAMA, Una experiència insòlita de periodisme popular". Diputació de Barcelona, Col·legi de Periodistes de Catalunya, Ajuntament de Santa Coloma de Gramenet. 1988.

Martínez, Isabel. "El Fondo, cruïlla de cultures" Beques per a treball de recerca sobre la història de Santa Coloma de Gramenet. Modalitat "El Museu als barris". Convocatòria 2015. Museu Torre Balldovina i Ajuntament de Santa Coloma de Gramenet.

Meroño, Pere. "Diari d'un eurocomunista del PSUC". Bloc VilaWeb. 25 de marzo de 2011.

Rico, Agustina. "Una experiència vívida" enelfondo.cat. 14 de abril de 2017.

Sayrach Fatjó Dels Xiprers, Jaume P. "En el Fondo. Parròquia de Sant Joan Baptista (Santa Coloma de Gramenet) 1965-1979". Edicions Fòrum-Grama. Año 2001.

Wordpress.com. Terra De Sauló. "Els Correas". 17 de diciembre de 2016.

Esta
primera
edición de *Vidas
truncadas,* de Chelo y
Diego Arroyo, ha sido im-
presa con papel ahuesado,
de 80 gramos. Se ha utiliza-
do la tipografía Garamond
Pro. Y se terminó de impri-
mir en Gráficas Ulzama,
en el mes de diciembre
del año 2024.